図解でわかる

意思決定支援

と

岩崎 香 編著

成年後見制度

STEP 1　STEP 2　STEP 3

中央法規

本書の構成と読み解き方（はじめに）

　権利擁護、意思決定支援、成年後見制度という言葉がならぶと、ちょっとおっくうな、とっつきにくい印象を受ける人が少なからずいるのではないでしょうか。そう感じる人にこそ、手にとっていただきたい本になればと思い、企画・執筆しました。

　人の権利というものは、だれかから与えられるものではなく、人として生まれたときから尊重されるべきものだといわれています。しかし、それが保障されていない状況がさまざまなところで生じています。

　本書ではまず、第1章で、人権や平等といった、人を対象としたサービスに従事する人に理解してもらいたい最も大切なことをとりあげました。

　第2章では、福祉サービスの現場で働いている人が直面する課題のうち、よく耳にする、意思決定をどう支援するのかということについて、ガイドラインなどを含めて基本的なことがらを紹介しています。2000（平成12）年以降、わが国の福祉サービスは、その内容などを行政が決める「措置」というしくみから、サービスを利用する人とそれを提供する事業者との「契約」により実施されるしくみになりました。その結果、契約する能力の有無が問われるようになり、その能力が不十分な人たちの権利をどう担保するのか、その権利を保障するための支援の必要性に注目が集まっています。

　第3章では、成年後見制度について理解してもらいたいことをとりあげています。

　わが国の成年後見制度は、残念ながら利用する人の人権という視点でみると、改善が求められており、改正に向けた検討が進められてもいます。一方、第2章でとりあげたように、福祉サービスの利用などにあたり、判断能力が不十分な人の権利と生活を守る制度として、最も重要なしくみであることに変わりはありません。利用する人にとって、よりよい制度として支援者が活用するためにも、成年後見制度に対する理解を深めてもらいたいと思います。

　第4章では、主に福祉サービスに携わる人に理解してもらいたい、成年後見制度以外の人権にかかわる法制度などをまとめました。差別解消、虐待防止、苦情解決などをはじめ、

支援の対象となる人の人権にかかわる課題に対して、どのような制度がつくられ、対策が講じられているのか理解を深めるきっかけになればと思います。

　では、ここまでにとりあげた内容を理解すれば十分かというと、実はそうではありません。第1章から第4章では、福祉サービスで働く人にとって、直接関連するテーマに焦点を当て紹介しました。第5章では、もう少し視野を広げて、わが国の抱える福祉的課題のうち、人権にかかわるものをとりあげています。

　意思決定を支援するということにあたっては、その人の病気や障害によって自分に必要なことを自分だけではうまく解決するのが難しい人を対象にしていましたが、ここでは日本の社会的な背景や個人の置かれてきた環境などの影響も含めて、課題を広くとりあげています。

　第6章では、対人サービスにかかわる人に理解しておいてほしい大切なキーワードを、第7章では人権にかかわる機関をそれぞれ紹介しています。

　以上が本書の構成です。

　冒頭で述べたとおり、難解なことがらをわかりやすい言葉でそのポイントを説明し、図で解説するという作業は、私たち執筆者にとって大きなチャレンジでした。簡略化することで正確性が失われてしまわないか、ボリュームをぎゅっとしぼることで誤解を生んでしまわないかなど…。それは、私たちそれぞれが担当する項目について、その本質を理解しているかどうかを問われる作業でもありました。チャレンジが成功していることを願い、筆をおくことといたします。

　読者のみなさまの理解や興味の広がりに貢献できたなら幸いです。

　2024年1月

執筆者を代表して

岩崎　香

社　会

人権尊重

地　域　　　共生社会

**人権に関連した
機関**

家庭裁判所
中核機関
権利擁護センター
法テラス
福祉サービス運営
適正化委員会
虐待防止センター
国民生活センター
人権擁護委員
など

**何らかの
生きづらさを
抱えた人たち**

LGBTQ、外国人
ケアラー
DV 被害者
罪を犯した人など

**意思決定に
支援を必要と
する人たち**

認知症高齢者
障害者　　など

**人権にかかわる
法制度やしくみ**

成年後見制度
虐待防止法
差別解消法
苦情解決のしくみ
個人情報保護
消費者保護
地域移行支援
など

図解でわかる 意思決定支援と成年後見制度　目次

本書の構成と読み解き方（はじめに）

第 1 章　人権がまもられるということ

第 2 章　当事者の意思を尊重するために

第 3 章 成年後見制度を理解する

第 **4** 章　そのほかの人権にかかわる
法制度・しくみ

第 5 章　人権にまつわる現代日本の福祉的課題

障害福祉サービス事業所・介護サービス事業所には、利用者の人権の擁護、虐待の防止などのため、従業者に対する研修の実施などが義務づけられています。

　本書に関連し、事業所の研修に活用できる資料を、弊社ホームページ（下記）で紹介しています。

人権がまもられると
いうこと

01 人権とは何でしょう

▌人権と憲法

　基本的人権は、国の最高法規である日本国憲法に定められた、私たち国民の永久の権利です。日本国憲法第11条は「国民は、すべての基本的人権の享有を妨げられない」と定めています。「享有」とは「生まれながらもっている」という意味です。主語は「国民」ですから、**日本国憲法は、私たち一人ひとりが、「基本的人権」を「生まれながらもっていること」を、「国家」に「妨げられない」**と宣言しています。

　一方、日本国憲法第12条では、憲法が国民に保障する「自由」及び「権利」について、その義務を定めています。また、第13条では、国家は、私たちの「生命、自由及び幸福追求」に対する権利を最大尊重する必要があるとしています。

▌基本的人権の中心は自由

　日本国憲法第11条に定められた「基本的人権」とは何でしょう。

　基本的人権の代表的な権利を3つあげるとしたら、**自由権、社会権、参政権**です。自由権は、16世紀から17世紀のヨーロッパで、絶対王政から市民国家が生まれる過程で確立されました。それまで、絶対的権力者である王侯貴族に従って生きなくてはならなかった人民が、「人間は、生まれながらにして自由かつ平等の権利をもっている」とし、国家は人が他者の権利を侵害することを取り締まることが役割で、それ以外は国民の生活に立ち入らず自由に任せるべきとされました。

　現代社会では、恋愛や結婚、学問を修めることなどの自由があります。しかし、専制君主制のもと階級社会があった時代には、これらの自由はありませんでした。私たちが自由に生活することができるのは、憲法が基本的人権の尊重を定めているからです。

第1章　人権がまもられるということ

第2章　当事者の意思を尊重するために

第3章　成年後見制度を理解する

第4章　そのほかの人権にかかわる法制度・しくみ

第5章　人権にまつわる現代日本の福祉的課題

第6章　人を支援する際の大切なキーワード

第7章　人権に関連する機関

日本国憲法

　第11条　　国民は、すべての基本的人権の享有を妨げられない。この憲法が国民に保障する基本的人権は、侵すことのできない永久の権利として、現在及び将来の国民に与へられる。

　第12条　　この憲法が国民に保障する自由及び権利は、国民の不断の努力によつて、これを保持しなければならない。又、国民は、これを濫用してはならないのであつて、常に公共の福祉のためにこれを利用する責任を負ふ。

　第13条　　すべて国民は、個人として尊重される。生命、自由及び幸福追求に対する国民の権利については、公共の福祉に反しない限り、立法その他の国政の上で、最大の尊重を必要とする。

基本的人権

基本的人権

自由権

社会権　参政権

02
人権の国際基準をみてみよう（世界人権宣言等）

■ 世界人権宣言と国際人権規約は国際基準の基礎

　人権の国際基準とは、人々の人権を守るための国際的なルールのことです。人権の考え方自体は13世紀に発見され、以後、さまざまな国でその考え方を受け入れるような出来事が起こりましたが、必ずしも世界で共通に理解されているわけではありませんでした。第二次世界大戦において、植民地支配や大量虐殺など多くの命が失われたり脅かされたりするような出来事が起き、そのことで人権の国際基準が大きく発展しました。

　世界人権宣言は、1948年に国連総会で採択された「すべての人民とすべての国とが達成すべき共通の基準」です。**自由・平等、安全、思想・良心・宗教の自由、意見・表現の自由、十分な生活水準を保持する権利、教育を受ける権利**などが示され、世界各国の憲法や法律にも取り入れられている、重要な国際文書です。しかし、加盟国に対する法的拘束力はありません。

　世界人権宣言の内容を基礎として、締結国に対して法的拘束力をもたせるようにしたのが1966年に国連総会で採択された**国際人権規約**です。人権にかかわる基礎となる国際条約であり、**自由権規約**、**社会権規約**、選択議定書から成ります。

■ 特定の人々や状況について定めた人権条約もある

　世界人権宣言と国際人権規約は、人権の国際基準のうち最も基本的かつ包括的なものですが、これだけで人権が十分に守られるわけではありません。子どもの権利条約、女性差別撤廃条約、人種差別撤廃条約、拷問等禁止条約、障害者権利条約などは、特定の人や特定の状況について、国際人権規約に定めた権利を実際的に保障することを目的として定められた人権条約です。

世界人権宣言と国際人権規約　図

第1章 人権がまもられるということ

第2章 当事者の意思を尊重するために

第3章 成年後見制度を理解する

第4章 そのほかの人権にかかわる法制度・しくみ

第5章 人権にまつわる現代日本の福祉的課題

第6章 人を支援する際の大切なキーワード

第7章 人権に関連する機関

世界人権宣言と国際人権規約

世界人権宣言　　国際人権規約

自由権規約（市民的及び政治的権利に関する国際規約）

個人の生活に、国家権力による干渉や妨害を受けることのない一定の領域を保障するという観点に立った権利
　思想の自由、表現の自由、身体の自由など

社会権規約（経済的、社会的及び文化的権利に関する国際規約）

個人の生活の保障が、国家の果たすべき責任であるとの認識に基づいて、国の施策により個人に認められる権利
　教育を受ける権利、労働の権利、相当な生活水準に関する権利など

1948年採択　　1966年採択

権利を実質的に保障することを目的にした条約

人種差別撤廃条約　1965年採択

女性差別撤廃条約　1979年採択

拷問等禁止条約　1984年採択

子どもの権利条約　1989年採択

障害者権利条約　2006年採択

03

社会権とは何でしょう

社会権の確立

　基本的人権の代表的な3つの権利は、**自由権**、**社会権**、**参政権**です。では、社会権とはどのような人権でしょうか。

　基本的人権が自由権だけの時代がありました。その時代に自由に生活できた人は「お金がある人」でした。お金があれば、自由に教育を受け、財産をもち、自由に旅行をすることができます。一方、お金がない人は、「空腹の自由はあっても、満腹の自由はない」「橋の下に寝る自由はあっても、ベッドの上で寝る自由はない」となり、実質的な自由がないことがわかってきました。

　そこで、国家が税金を集め、富の再配分を通じて貧しい人や社会的弱者も、人間らしい自由な生活ができることを保障すべきであるという福祉国家の考え方が生まれ、「社会権」が確立されました。例えば、生活保護制度は社会権に基づいて行われているしくみです。

社会権は自由権を実現するための手段の1つ

　ひとつ例をあげます。日本国憲法第26条は、義務教育を無償とすると定めています。

　文部科学省が公表している資料によれば、小学校、中学校、高等学校の児童、生徒1人当たりの年間教育費は約100万円です。その費用全額を自己負担にしたら、教育を受けることができるのは、その費用を払える家庭の子どもだけになるでしょう。そこで、社会権に基づいて、国民が出し合った税金を再配分することにより、義務教育を無償としているのです。社会権とは、福祉国家の理念に基づいて国民が協力し、富の再配分を通じて自由権を実現するための手段ということができるでしょう。

第1章 人権がまもられるということ

第2章 当事者の意思を尊重するために

第3章 成年後見制度を理解する

第4章 そのほかの人権にかかわる法制度・しくみ

第5章 人権にまつわる現代日本の福祉的課題

第6章 人を支援する際の大切なキーワード

第7章 人権に関連する機関

基本的人権が自由権だけだとしたら…

お金がないと、空腹の自由はあっても、満腹の自由は…

日本国憲法
　第26条　すべて国民は、法律の定めるところにより、その能力に応じて、ひとしく教育を受ける権利を有する。
　2　すべて国民は、法律の定めるところにより、その保護する子女に普通教育を受けさせる義務を負ふ。義務教育は、これを無償とする。

日本国憲法第26条は、義務教育を無償とすると定めています。

03 社会権とは何でしょう

04

自由権と自己決定の尊重

個人の尊重は自己決定の尊重

自由権とは、他人の権利を侵害しない限り、私たちは自由に生きてよいという権利です。

日本国憲法第13条は、個人の尊重、幸福追求権、公共の福祉を定めています。私たちは、生命、自由、幸福追求について、個人の自己決定が尊重されると言い換えることができるでしょう。**基本的人権の尊重とは個人の自己決定の尊重につながります。**

違うことに価値がある

個人の自己決定の尊重とは、どういうことでしょう。あなたはどのような服が着たいですか？　何を食べたいですか？　どのように生きていきたいですか？　自己決定の尊重とは、このようなことを、自分で決めてよい、また、決めたことが尊重されるということです。現実には、「それは似合わないよ」「こうしたほうがいいよ」など、さまざまな反応があるかもしれません。でも、最後は自分自身が決めたことが尊重されるのです。**個人の尊重とは、違いを認め合うということです。自由に生きてよいということは、「違うことに価値がある」と言い換えることもできます。**

自己決定が難しい人の自己決定

日本国憲法第11条は「国民は、すべての基本的人権の享有を妨げられない」と定めています。「国民」には、重い知的障害などによって、自己決定をすることが難しい人もいます。自分で自分のことを決めて自由に生きることが難しい人の自己決定の尊重を支えるのが、「意思決定支援」ということができます。「意思決定支援」は、福祉国家の理念のもと自由権を実現するために行われるものといえるでしょう。

第1章　人権がまもられるということ

第2章　当事者の意思を尊重するために

第3章　成年後見制度を理解する

第4章　そのほかの人権にかかわる法制度・しくみ

第5章　人権にまつわる現代日本の福祉的課題

第6章　人を支援する際の大切なキーワード

第7章　人権に関連する機関

どんな洋服を着たい？　何を食べたい？　どのように生きていきたい？　を自分で決める

日本国憲法
　第13条　すべて国民は、個人として尊重される。生命、自由及び幸福追求に対する国民の権利については、公共の福祉に反しない限り、立法その他の国政の上で、最大の尊重を必要とする。

日本国憲法第13条は、個人の尊重、幸福追求権、公共の福祉を定めています。

05

障害者権利条約

● 障害者の権利は他の者との平等が基礎

　障害者権利条約は、障害者の人権及び基本的自由を確保し、障害者の固有の尊厳の尊重を促進することを目的とした国際条約です。国連で2006年に採択されました。**障害者権利条約は、「障害の社会モデル」を基本的な考え方としています。**障害は、「機能障害のある人」にあるのではなく、「機能障害のある人」と、態度・環境といった「障壁」との間の相互作用によって発生するという考え方です。障害者は、慈善や治療、あるいは保護の客体としてではなく、**自由とインフォームドコンセントに基づいて権利と意思を主張すべき主体です。**障害者の人権を守るには、障害者の活動を制限し、社会への参加を制約している障壁を取り除いていく必要があるのです。

● 差別の禁止、合理的配慮

差別の禁止：不合理な差別の排除と平等は既存の国際人権法における基本的原則です。障害者権利条約は、障害に基づくあらゆる差別を禁止するとともに、そのための必要な法的保護を保障するよう締約国に求めています。

合理的配慮：合理的配慮の否定は差別の一つの形態とされ、他の人権条約にはみられない新しい概念です。合理的配慮とは、個別に必要かつ適当な変更や調整のことで、障害の特性や社会的障壁の除去が求められる具体的場面や状況によって異なる、多様かつ個別性の高いものです。

合理的配慮　図

第1章　人権がまもられるということ
第2章　当事者の意思を尊重するために
第3章　成年後見制度を理解する
第4章　そのほかの人権にかかわる法制度・しくみ
第5章　人権にまつわる現代日本の福祉的課題
第6章　人を支援する際の大切なキーワード
第7章　人権に関連する機関

合理的配慮

〇 画一的な基準はない
・物理的環境へのアクセス
・環境調整
・情報へのアクセス
・ルール、慣習の変更
・インプット、アウトプットの代替
・人的サポート　など

合理的配慮
＝個のニーズに応じて提供・調整

基礎的環境整備

ニーズの全体像を考慮し組織として取り組む

注：「基礎的環境整備」の上に並ぶ、さまざまな大きさ、かたちの○は、合理的配慮は個のニーズに応じて行うものであって多様であることを示している。

合理的配慮の具体例

・障害特性に応じて座席を決める
・意思を伝えるために絵や写真のカード、タブレット端末などを使う
・段差がある場合にスロープなどを配置する
・知的障害がある人に対し、図などを活用したマニュアルを作成したり、業務内容を明確にしてひとつずつ指示したりするなど、作業手順をわかりやすく示す
・精神障害がある人などに対し、通所時刻、休暇・休憩の取得に関して通院・体調に配慮する
・音に過敏なのでイヤーマフを用いることを認める

06

権利擁護とは何か

権利擁護

権利擁護は英語でアドボカシー（advocacy）といい、もともとは代弁者という意味です。なんらかの理由で自身の権利を行使するのが困難な状況にある人たちの声を届けられるようにサポートして、その権利が守られることを目指すプロセスを指します。単に代弁するのではなく、自分自身の、または自分たちの利益や欲求、意思、権利を自ら主張（＝セルフアドボカシー）[1]できるようにサポートすることが重視されます。権利擁護の対象となる人たちは無数にいます。社会的養護を必要とする子どもたちや、障害のある人、認知症高齢者などの脆弱性がある人たちはもちろん、より一般的には消費者や労働者、若者、女性なども権利擁護の対象となります。権利擁護の活動は、個人に対する権利擁護活動に加え、権利を行使できるようにするための基盤形成、調査研究、啓発活動、議員へのロビー活動、当事者教育などが含まれます。

意思決定支援と成年後見制度

成人に対する権利擁護活動の一つが意思決定支援です。主な対象は、知的障害や精神障害のある人、認知症高齢者など、本人の判断能力に課題がある人です。意思決定支援は、必要な情報を提供し、本人の意思や考えを引き出して、自らの価値観や選好に基づき意思決定をすることを助けます。法律行為のほか、医療行為や居所の決定、身分上の行為などの人生における重要な意思決定、日常的・社会的な生活を送るうえで必要とされる場面が含まれます。

成年後見制度は、疾病や障害などにより判断能力が不十分となった成人の法律行為に関して権利擁護を行う公的制度です。

第1章　人権がまもられるということ

第2章　当事者の意思を尊重するために

第3章　成年後見制度を理解する

第4章　そのほかの人権にかかわる法制度・しくみ

第5章　人権にまつわる現代日本の福祉的課題

第6章　人を支援する際の大切なキーワード

第7章　人権に関連する機関

権利擁護の対象はすべての人（判断能力に課題のある人だけでない）

認知症高齢者

依存症当事者

DV被害者

LGBTQの人

社会的養護を
必要とする子ども

権利擁護

障害のある人

若　者

消費者

難　民

労働者

権利擁護の活動は、個人を対象とするものに加え、権利を行使できるようにするための基盤形成、調査研究、啓発活動、議員へのロビー活動、当事者教育などが含まれます。

第1章参考文献

1) 高山直樹、川村隆彦、大石剛一郎編著『福祉キーワードシリーズ 権利擁護』中央法規出版、2002年

当事者の意思を
尊重するために

01

意思決定支援が
必要な人とは

意思決定能力に「制限がある」とは

　意思決定支援が必要な人とは、「意思決定能力に制限があり、支援を必要とする人」です。では、意思決定能力に「制限がある」とは、どのような状態をいうのでしょうか。

　身体障害のある人は、例えば、聴覚障害や視覚障害によってコミュニケーションの障害がある場合、必要な情報を集めたり、自分の意見を十分に伝えたりすることができずに、意思の決定に支障が生じることがあります。

　知的障害や精神障害、認知症のある場合も、その障害ゆえに意思の決定に制限が生じることがあります。例えば、知的障害のある人は情報の理解・把握が難しかったり、精神障害のある人は現実検討能力が低下していたりして、意思決定に困難を抱えているといえます。

意思決定支援が必要な人とは

　第1章でみたように、**自己決定の難しい人の自己決定の尊重を支えるのが「意思決定支援」**といえます。権利擁護は、社会的養護を必要とする子どもやLGBTQの人、DV被害者なども対象となります。さまざまな理由によって、自己決定をすることが難しくなっている、そういった人も、意思の決定に支援を必要とするかもしれません。

　疾病や障害のほか、さまざまな要因によって、自らの意思を表出したり、判断を下したりすることが難しい人が、自分らしく生きていけるように支援することが支援者の使命といえます。

意思決定支援が必要な人とは

何か決めなければならない状況を
把握するための情報が必要

身体障害・知的障害・
精神障害などによる
障害特性の影響がある

判断するための
選択肢と選択肢ごとの
客観的長所・短所の
情報が必要

選択肢それぞれが本人の
生活にどのように影響するか
その関連性の情報が必要

言語・文化の違い、LGBTQなど
多様性がある

児童、支援を必要とする高齢者など
置かれている環境の影響がある

選択肢に対する本人の感情や嗜好を
共有したうえで決められるように
支援が必要（合理的判断だけでなく
好き嫌いなどの気持ちが反映される）

第1章 人権がまもられるということ

第2章 当事者の意思を尊重するために

第3章 成年後見制度を理解する

第4章 そのほかの人権にかかわる法制度・しくみ

第5章 人権にまつわる現代日本の福祉的課題

第6章 人を支援する際の大切なキーワード

第7章 人権に関連する機関

02
意思決定を支援する
ということ

■ 本人が不在のままになっていないか

　日常生活のささいなことから人生の岐路に立つ大事な選択まで、私たちは常に選択を迫られます。自分で決められる状況にあるときは、さまざまな情報を利用し、周囲にアドバイスを求め、ときに他者の勧めに従うことも含め、最後は自分で決めています。

　障害や病気などによって、または「選ぶ」という経験そのものが少ないために、もしくは自分の考えがまとまらない、考えをうまく伝えられないなどの場合はどうでしょう。安易に本人を保護すべき対象と決めつけ、他者が考える、「合理的だから」「安心だから」「安全だから」という理由で、**本人が不在のまま周囲が勝手に決めてしまう支援のあり方は、変えていく必要があります**。

■ 意思決定のための支援は本人の権利

　障害者権利条約（障害者の権利に関する条約）の第12条では、「法律の前にひとしく認められる権利」として、「支援付き意思決定」の重要性が指摘され、代理権の行使は否定されています。

　肝心なことは、重い障害があったとしても、**本人の意思の尊重が前提で、意思決定のために支援を得ることは、本人の権利であるということです**。複雑な問題の整理や大局的な把握が難しいこともあるかもしれませんが、どのような影響があるのか、本人が自らの生活や生き方に関連づけて理解し、判断するために、専門家や支援者の知識、技術を利用していけばよいのです。支援チームとともに考えを決めていく共同意思決定という取り組みも注目されています。はき違えてならないのは、周囲が考える方針に従ってもらうことではなく、本人の意思を尊重することが目的であるということです。

決断を迫られる課題

何を言ってるか
わからない…。

ー違う理解ー
○○したい！

私が決めて守って
あげなきゃ！

誰かに決めて
欲しいんだけど…。

自分でもどうしていいか
わからない…。

○○したいけど
家族が反対してるから
あきらめるか…。

かかわりながら
本人の考えを確認しよう！

自分で決める
ことが不安

第1章　人権がまもられるということ

第2章　当事者の意思を尊重するために

第3章　成年後見制度を理解する

第4章　そのほかの人権にかかわる法制度・しくみ

第5章　人権にまつわる現代日本の福祉的課題

第6章　人を支援する際の大切なキーワード

第7章　人権に関連する機関

03 自己決定と意思決定①

自己決定？　意思決定？

　ソーシャルワークの領域では、自己決定、自己決定の尊重、自己決定支援といった言葉を多く耳にします。一方で、意思決定、意思決定支援、支援付き意思決定といった言葉を聞くことも多くなり、戸惑うことがあるかもしれません。

　「決定する」という行為には、他人の意見や提案などをとり入れる、もしくは意見や提案を聞いたうえであえてとり入れないといった過程があります。一般的に複雑な状況にあるときほど、専門家も含めて、誰かに相談しながら自分の考えを整理することが多いでしょう。福祉、医療、法律などの専門家だけではなく、家族や友人など、あらゆる人たちが相談相手となり得ます。また、相談に誠実な対応をしてくれる人もいれば、何らかの意図をもって本人の考えを自身の都合のいいように誘導しようとする人もいるかもしれません。私たちは、このような状況で自分の考えを決めていきますが、「決めない」という決定や、信頼する人に委ねるという決定もあるかもしれません。

自己決定と意思決定の違いとは

　では、自己決定と意思決定にはどのような違いがあるのでしょうか。

　自己決定（Self-determination）は、「自分で決める」という主体が中心にある考え方、意思決定（Decision making）は、決定する「対象」に焦点をあてた考え方と整理してみます[1]。それぞれは明確に区別できるものではないと考えられますが、このように整理するとわかりやすいかもしれません。

　なお、判断能力の程度で自己決定と意思決定を区別する考えもありますが、能力判定はソーシャルワークに馴染まないことから、ここではとり上げません。

Self-determination（自己決定）とDecision making（意思決定）

Self-determination（自己決定）

理解力・判断力を前提として、自己の決定に対する「主体性」「責任性」「自律性」を含む概念であり、人権・尊厳という捉えと意識が大きく関与

→

自己か他者かを明確にしたい時は自己決定

「決意すること」という意味において大差はないが、原語は異なる

Decision making（意思決定）

"decision"（結論・決定事項・決定）を"making"（つくり上げる）ということであることから、複数の要素とプロセスがからんでいる用語であること、ビジネスや政治など社会的に広く使われており、先の見通しを立て決断していくことを表した概念

→

先のことを決めることは意思決定

参考文献
- 柳原清子「家族の「意思決定支援」をめぐる概念整理と合意形成モデル ——がん臨床における家族システムに焦点をあてて」『家族看護22』日本看護協会出版会、2013年
- 遠藤美貴「「『自己決定』と『支援を受けた意思決定』」」『立教女学院短期大学紀要』第48号、2016年

第1章　人権がまもられるということ

第2章　当事者の意思を尊重するために

第3章　成年後見制度を理解する

第4章　そのほかの人権にかかわる法制度・しくみ

第5章　人権にまつわる現代日本の福祉的課題

第6章　人を支援する際の大切なキーワード

第7章　人権に関連する機関

04 自己決定と意思決定②

■ 「自己決定」と「意思決定」をめぐる混乱

「自己決定」と「意思決定」という言葉をめぐり混乱が生まれている背景には、障害者権利条約の翻訳にあたり、「Decision making」を「意思決定」と訳したこと、その際、自己決定（Self-determination）との関係を整理しなかったこと、障害者基本法の改正や障害者総合支援法の制定の際、十分な議論がないまま「自己決定支援」が「意思決定支援」に置き換わったことなどが指摘されています[1]。

自分で決めること、そのために周囲に相談し、周囲とのやりとりをとおして考えを整理していくことに何らかの不具合があるとき、その過程に必要な人がかかわるという点では、自己決定と意思決定に大きな違いはありません。自己決定と意思決定を明確に区別するのは難しく、グラデーションを保ちながら両者はつながっているといえます。

■ 自己決定支援、意思決定支援の実現

実践現場では「自己決定（支援）」と「意思決定（支援）」が同義語として扱われているように感じます。自己決定支援や意思決定支援は、本来、社会生活のあらゆる場面で、あらゆる人たちによって、行われることが期待されます。**障害の有無や程度にかかわらず、本人にとってわかりやすいように説明がなされるとともに、選択肢が示され、気持ちの揺れに沿いながら、決定や意思の表明を手伝うことが求められる**といえます。

一方で、本来あるべき姿の実現にはほど遠いのが現状です。

生活場面から法律行為に至るまで、自己決定が尊重され、意思決定支援が必要な場面では、その人にとって取り返しのつかない不利益とならないように配慮しながら支援するということが、いまできる現実的な対応かもしれません。

自己決定と意思決定②

自己決定は「主体」

- あくまでも「誰が」決定するのかにこだわった用語
- 「自分ひとりで決める」ことを意味しない
- 自己決定には他者や環境との相互関係が含まれている
- 判断能力が十分かどうかによって自己決定か意思決定かという使い分けもしない
- 従来通り「自分に関することを自分で決める」ことを「自己決定」とし、そこには他者や環境との相互関係が含まれるものとして使用するべき

意思決定は「対象」

- 障害者権利条約の「Supported Decision Making」を「支援を受けた意思決定」「支援つき意思決定」「意思決定支援」等と翻訳
- 改正障害者基本法、障害者総合支援法成立までの障がい者制度改革推進会議において「自己決定支援の必要性」について議論されたことがきっかけ
- 明確な違いを整理しないまま単に「自己決定支援」を「意思決定支援」に置き換えたことへの危惧

資料：遠藤美貴「『自己決定』と『支援を受けた意思決定』」
『立教女学院短期大学紀要』第48号、2016年を参考に作成

自己決定は「主体」
意思決定は「対象」

第1章　人権がまもられるということ

第2章　当事者の意思を尊重するために

第3章　成年後見制度を理解する

第4章　そのほかの人権にかかわる法制度・しくみ

第5章　人権にまつわる現代日本の福祉的課題

第6章　人を支援する際の大切なキーワード

第7章　人権に関連する機関

05
意思決定支援に関する
ガイドラインと課題

■ 意思を尊重し、意思決定を支援する

　障害の有無にかかわらずその人の「権利」を尊重するには、その人にどのような思いがあり、どのような暮らしを望むのか、あるいは何をしたくないのかといったことを知り、支える必要があります。

　「意思決定」を支えるための「ガイドライン」が厚生労働省等から出されています。自分の業務にかかわりがあると思われるガイドラインは一読しておきたいところです。

　ガイドラインの趣旨、対象とする主な場面、支援のプロセスなどはそれぞれのガイドラインで異なっています。しかし、本人が意思決定の主体であること、チームで支援すること、支援の前提として環境整備と適切な情報提供が重要であることはすべてのガイドラインに共通しています。

■ 主人公は本人

　例えば、「障害福祉サービス等の提供に係る意思決定支援ガイドライン」には、意思決定支援の基本的原則として、「自己決定の尊重に基づき行うこと」「職員等の価値観においては不合理と思われる決定でも、他者への権利を侵害しないのであれば、その選択を尊重するよう努める姿勢が求められる」こと、「本人の自己決定や意思確認がどうしても困難な場合は、本人をよく知る関係者が集まって〜根拠を明確にしながら〜意思及び選好を推定する」ことが示されています。

　忘れてはならないのは、**意思決定支援は支援側の都合や価値観で行うものではなく、主人公はあくまで本人**であるという点です。それぞれガイドラインの対象や趣旨に違いはあっても、意思決定支援において外してはならない魂は共通です。

ガイドラインに示されている「（代理）代行決定」の比較について

障害福祉サービス等の提供に係る意思決定支援ガイドライン	① 本人の自己決定や意思確認がどうしても困難な場合、本人をよく知る関係者が集まって、根拠を明確にしながら本人の意思・選好を推定 ② 本人の意思推定がどうしても困難な場合、関係者が協議し、本人にとっての最善の利益を判断
認知症の人の日常生活・社会生活における意思決定支援ガイドライン	本人の意思決定能力に欠ける場合の代理代行決定はガイドラインの対象外 なお、本人の意思は、それが他者を害する場合や本人にとって見過ごすことのできない重大な影響が生ずる場合でない限り、尊重される（「重大」か否かは、明確な不利益性・回復困難な重大性・発生の蓋然性の観点から判断）
人生の最終段階における医療・ケアの決定プロセスに関するガイドライン	本人意思が確認できない場合、次の手順により、医療・ケアチームの中で慎重に判断（いずれの場合も、本人にとって最善の方針をとることを基本とする） ① 家族等が本人意思を推定できる場合、その推定意思を尊重 ② 家族等が本人意思を推定できない場合、本人にとって何が最善であるか家族等と十分話し合う
身寄りがない人の入院及び医療に係る意思決定が困難な人への支援に関するガイドライン	③ 家族等がいない場合及び家族等が判断を医療・ケアチームに委ねる場合も、本人にとっての最善の方針をとることを基本とする
意思決定支援を踏まえた後見事務のガイドライン	① 意思決定支援を尽くしても意思決定・意思確認がどうしても困難な場合、意思推定に基づく代行決定を行う ② 意思推定すら困難な場合や、本人の表明意思・推定意思を実現すると本人に見過ごすことができない重大な影響が生ずる場合等には、本人にとっての最善の利益に基づく代行決定を行う

注：（代理）代行決定：本人による意思決定が困難な場合に、第三者が本人に代わって意思決定を行うこと
資料：「意思決定支援等に係る各種ガイドラインの比較について」をもとに作成
　　　（https://www.mhlw.go.jp/content/000689414.pdf）

06
意思決定支援に共通するかかわり方

3つの視点

　本人の意思を尊重するため、私たちはどのようにかかわっていけばよいのでしょうか。ここでは、支援にかかわるときに重要と考えられている3つの視点に触れます。

　1つ目は、**本人の理解を深めていく視点**です。病気や障害が本人の生活にどのような影響を与えているのか。どのような人生を送り、どのようなことに傷ついてきたのか。あきらめてきたこと、やりたいことは何か。家族や周囲の人は本人にどのように映っているのか。支援者の興味からではなく、本人が置かれている環境や状況、課題、本人が感じ考えていることに関心をもち、理解を深めていく姿勢が必要となります。

　2つ目は、**支援者自身の、かかわるときの特徴や傾向などを知る**ことです。相手を説き伏せようとする、相手の話を自分の経験や知識に引きつけて理解してしまうなどです。支援者の特徴や傾向は、意思決定支援の過程に影響を与えます。支援者が自身に対して無自覚だと、支援者の熱意が本人の動機づけを上回っていたり、自己決定の尊重と放任を混同したりしていることに気づかず、本人に合わせた意思決定支援を進められなくなることがあります。本人に原因を求めるのではなく、支援者自身の傾向に目を向け、支援者が自分自身に振り回されない工夫も必要です。

話し合える信頼関係

　3つ目は、**信頼関係に根差した本人と支援者の関係性**です。話し合える信頼関係がないと、意思決定支援は難しくなります。時間をかければよい関係ができるわけではなく、テーマ、場所・時間、体調、関心の程度などにより、関係性は変化していきます。目の前で展開する関係性に目を向け、関係性に合わせたかかわり方の工夫が必要となります。

豊かで柔軟な関係性を築くために支援者が自分自身に目を向ける

クライエントにかかわるときの支援者自身の特徴や傾向

- 支援者の得意分野にクライエントの話を引きつけてしまう
- クライエントの関心事が焦点化されず関係性が育まれないことがある

支援者は自らの知識・経験、価値観などを根拠に説明したり教えたりする姿勢に終始

- 支援者のアドバイスや意見を聞きたくても支援者が応えてくれない
- 意思形成のための相互的なかかわりが薄くクライエント任せになってしまうことがある

支援者はクライエントの話を聴くことだけに終始

クライエント

支援者

支援者は自らの特徴や傾向による、かかわり方の効果と限界を自覚し、クライエントに合わせたかかわり方の工夫へつなげていく

意思決定支援の価値にもとづいた柔軟性のある相互的コミュニケーション

- 支援者が不適切なかかわり方をしても、クライエントが役に立つ指摘や考え方を部分的に切りとって活用してくれる場合がある
- 支援者はエンパワメントと、配慮やアセスメントのないクライエント任せのかかわりとを混同しないことが必要

第1章 人権がまもられるということ

第2章 当事者の意思を尊重するために

第3章 成年後見制度を理解する

第4章 そのほかの人権にかかわる法制度・しくみ

第5章 人権にまつわる現代日本の福祉的課題

第6章 人を支援する際の大切なキーワード

第7章 人権に関連する機関

07
障害特性に配慮した意思決定支援

▶ 障害のある人に対する意思決定支援

　障害のある人の意思決定支援には、さまざまな配慮が求められます。一般的に意思決定支援が必要な障害は、知的障害、発達障害、精神障害です。ただし、一口に知的障害、発達障害、精神障害といっても、その状態や取り巻く環境は一人ひとり異なりますから、それぞれに応じた支援の仕方や配慮があります。

　例えば、同じ精神障害であっても、統合失調症と高次脳機能障害ではアプローチの手法がまるで異なります。強度行動障害で重度の知的障害と自閉スペクトラム症が重なり合った人の場合、その意思を推し量るには独特な手法が求められることもあります。

▶ 障害特性に配慮した意思決定支援

　障害特性に配慮した意思決定支援を行うには、その障害がもつ特性の理解や本人の状態像に関する繊細なアセスメントが極めて重要になります。

　耳から情報を取得することが難しい自閉スペクトラム症の人であれば、視覚的に理解しやすい絵カードを使用する、知的障害であれば、その人の知的発達の状態に合わせた平易な言葉を使う、イメージしやすいたとえ話を交えるといった配慮が必要です。高次脳機能障害のある人の多くには失語症の状態像がみられます。失語症には、「運動性失語」と「感覚性失語」があり、どちらの困難を抱えているかでアプローチの手法を変えなければなりません。

　本人がその意思をあらわしやすい環境を設定することも重要です。かしこまった相談室では、緊張したり、混乱したりして、考えや意思を伝えることはできないでしょう。なじみのある場所など、相手がリラックスしやすい場面を設定することが大切です。

第1章 人権がまもられるということ

第2章 当事者の意思を尊重するために

第3章 成年後見制度を理解する

第4章 そのほかの人権にかかわる法制度・しくみ

第5章 人権にまつわる現代日本の福祉的課題

第6章 人を支援する際の大切なキーワード

第7章 人権に関連する機関

コミュニケーションの工夫

相手が話すとき

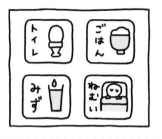

● 日常でよく用いる
要求をまとめた
会話ノートを作成する

● 書字や身振り、
絵を描いたり、
発話以外の
手段を促す

コミュニケーションの環境を整える

「話してもわからないだろう」
と決めつけず本人が話す場を
設ける、きっかけをつくる。
相手に伝わる経験が
自信につながる

良い例　　　　　悪い例

08

認知症に配慮した意思決定支援

■ 「今」が過去とつながる

　認知症が進行すると、「今」がすぐ前の記憶よりも、過去の記憶と直接つながることもあります。「今」が遠い過去と関連づけられると、その人がおかれている「今」の状況は、その人の関心ごとに結びつかないかもしれません。例えば、介護職員として施設に勤めていた人は、目の前に食事がおかれても、その食事が、施設で働いていた「過去」とつながってしまうと、「食事が利用者全員に配膳されたかどうか」に関心が向かってしまい、うながされても「食事をする」という行為にはつながらないかもしれません。

　留意すべきは、すぐ前の記憶が抜け落ちたとしても、記憶の連続性が失われた状態が固定している訳ではないということです。

　認知症の特徴を、まずおさえることが大切です。そのうえで、意思決定支援では、時間や場所、利用者の体調や気分、支援者の語り口や声の大きさ、距離感や向き合い方、環境づくりといった多くの配慮と工夫が必要となります。

■ 「本人に聞く」という試みをあきらめない

　何より重要なことは、どのような状態であっても、**まず本人に聞くという試みを省かない**ことです。支援者のもつ「認知症」というイメージを勝手に本人にあてはめたり、認知機能の低下を目の当たりにしたりして、本人に対する説明や意思決定支援をあきらめてしまうことがあるかもしれません。しかし、あきらめの延長線上にあるのは、意思決定支援とはかけ離れた対応です。支援者に、本人を素通りして、家族等の意向を優先しようとする姿勢があるなら、戒めねばなりません。

第 1 章　人権がまもられる
ということ

第 2 章　当事者の意思を
尊重するために

第 3 章　成年後見制度を
理解する

第 4 章　そのほかの人権にか
かわる法制度としくみ

第 5 章　人権にまつわる現代
日本の福祉的課題

第 6 章　人を支援する際の
大切なキーワード

第 7 章　人権に関連
する機関

同じやりとりが繰り返される状況でもあらゆる工夫と配慮を尽くす

時間や場所の設定、
説明の仕方など、
配慮や工夫を怠って
いないだろうか？

ところで・・・
○○はどうなっているの？

何度も説明
しているのに……

支援者

本人

認知症の影響

状況説明と
意思決定支援過程

○○は
合点！承知!!

支援者　　　　　本人

本当にわかって
いるのだろうか？

同じやりとりが
繰り返されると予測し、
あきらめて説明や意向確認を
省いていないだろうか？

09

認知症高齢者の意思決定支援

自宅で暮らしたいという本人の意思に寄り添い、在宅生活を実現した事例

▶ 生活状況と治療経過

　Aさんは、70歳後半の男性です。製薬会社を定年退職後、倉庫管理の仕事を68歳まで続け、以降は自宅でテレビを見て昼間から飲酒する生活を送っていました。パートの妻と、不動産会社事務職で働く長女の3人で、分譲マンションで暮らしています。

　ある日、Aさんは突然呂律が回らなくなり、家の中で倒れてしまいました。救急車で総合病院へ搬送された後、脳梗塞と診断され、手術を受けました。幸い命に別状はなく、手術後、早々にリハビリテーション病院へ転院しリハビリテーションが始まりました。

　2か月のリハビリにより、左上下肢に麻痺が残ったものの、杖での歩行は可能となりました。排泄は時間がかかりますが自力で行うことができます。脳梗塞の後遺症から血管性認知症となり、短期記憶が難しくなりました。言葉を発するのにも時間がかかります。話を途中で切り上げられると表情が険しくなります。精神面では、感情のコントロールが効きにくく、倒れる前と比べ怒りっぽくなりました。周囲のかかわりを拒否することもあります。

　手術後のリハビリが目標に達したため、Aさんの希望する自宅退院が検討されましたが、自宅退院を考える妻と、受け入れに消極的な長女の考えが折り合わず、いったん介護老人保健施設を利用することになりました。

　介護老人保健施設では、介護者と相性がよくなく、Aさんが杖をふるって介護者を威嚇するといった行動があり、1か月で施設側は対応が困難となりました。怒りやすく攻撃的な面の改善を目的に精神科病院の認知症治療病棟に転院することになりました。

第
1
章
人権がまもられる
ということ

第
2
章
当事者の意思を
尊重するために

第
3
章
成年後見制度を
理解する

第
4
章
そのほかの人権にか
かわる法制度・しくみ

第
5
章
人権にまつわる現代
日本の福祉的課題

第
6
章
人を支援する際の
大切なキーワード

第
7
章
人権に関連
する機関

認知症治療病棟での対応

Ａさんは早く自宅に帰りたいと主張しましたが、希望がかなわず、妻の同意と精神保健指定医の判断により、認知症治療病棟へ医療保護入院となりました。入院後、衝動性を和らげること、薬の副作用で身体機能の低下を生じさせないこと、脳梗塞の再発リスクを避けることなどのバランスを考慮した処方が調整されました。

入院当初は医療スタッフやソーシャルワーカーが話しかけても手をはねのけるなどして、Ａさんの気持ちを聞くことができませんでした。そもそも納得したうえでの入院ではなく、自宅に帰りたいという気持ちが強かったことから、怒るのも当然かもしれません。しかし、入院に対する不満だけでは説明がつかないほど、入院当初は誰に対しても攻撃的でした。

入院後2か月が経過した頃から、Ａさんの感情の起伏が穏やかになりました。言葉の出にくさは変わりませんが、他者に対する攻撃的な反応はほとんどみられなくなりました。

Ａさんの思いと生活拠点の検討

病棟スタッフは、意思疎通を図るうえで、Ａさんの障害特性を考慮し、時間をとって話せるタイミングや、Ａさんが比較的穏やかでいられる時間帯を意識しました。Ａさんが言葉に詰まるときはゆっくり待ち、ときに言葉を添え、ときにＡさんが選択できるように「開いた質問」だけでなく、「閉じた質問」などを組み合わせて、Ａさんの考えを聞かせてもらいました。Ａさんの自宅に帰りたいという思いは一貫して変わりませんでした。病棟での生活では、Ａさんが応援している日本人メジャーリーガーの試合が思うように見られないことに不満をもっていました。

ソーシャルワーカーは、Ａさんとの会話を通じ、この先、奥さんや長女とどのように生活していきたいか、聞かせてもらいました。Ａさんは、家に帰り、ゆっくりテレビでも見たいだけ。その他のことはわからない。妻や長女には迷惑かけたくないが、今は迷惑かけることはないと話してくれました。

Ａさんの状態が落ち着いたため病棟で退院が検討されました。精神症状が安定してきたこと、自宅に戻りたいという思いは変わらないが、自宅でテレビを見る以外は、どのような生活を送りたいかイメージができないことが共有され、次の生活拠点を考えてい

く段階にあることが確認されました。

　ソーシャルワーカーは、妻に来院要請の連絡をしましたが、妻や長女は、感染症対策で、面会ができなかったため、入院時の怒りっぽいAさんのイメージが抜けず、退院後のことをどう考えればよいか悩んでいました。

1回目のカンファレンス

　感染症対策を講じたうえ、院内でカンファレンスが開催されました。参加者は妻、長女、主治医、看護師、作業療法士、ソーシャルワーカーです。病状の説明後はAさんも同席しています。

　最初に主治医から治療経過と病状について説明があり、次の方針を考え始める時期にきていることが伝えられました。Aさんは言葉にするまで時間を要しましたが、「自宅に帰りたい」とハッキリ伝えることができました。妻は長年連れ添ったAさんを迎え入れたい考えでしたが、長女は日中家に誰もいないことから、生活施設を利用するのが現実的ではないかとの考えを述べました。

　ソーシャルワーカーが、退院後の生活拠点について話をする前に、入院生活でのAさんの様子を共有したいと提案し、看護師や作業療法士から病棟での様子を伝えてもらいました。看護師によると、トイレは自分で処理できており、時折汚してしまうリハビリパンツも自分で代えることができること、入浴では麻痺側の手を使った洗体・洗髪、ふき取りは難しく、部分的に手伝いが必要であること、余暇時間はテレビを見ていることが多く、特に応援する日本人メジャーリーガーが出場する試合は、時間が合う限り欠かさず見ているとのことでした。作業療法士は、体操や音楽鑑賞には参加するが、歌や塗り絵等のプログラムには関心をもたないという報告でした。一つひとつにAさんはわずかに反応していましたが、メジャーリーグの話では表情が緩み、「楽しみ」と話してくれました。妻によると、高校まで野球をしていたこともあり、脳梗塞で倒れる前も、野球のシーズン中はお酒を飲みながらテレビで野球観戦をしていたとのことでした。

　カンファレンスでは、服薬調整が一段落したこと、妻と長女からみても怒りっぽさが和らいだこと、身の回りのことはある程度Aさん自身でできていること、体操や音楽鑑賞のプログラムには参加すること、テレビが好きで野球観戦を好み、特に日本人メジャーリーガーの活躍を楽しみにしていることが共有されました。

退院後の生活拠点については、Ａさんは家に戻りたいと考えていること、家に連れて帰りたい妻と、施設利用が現実的であるとする長女の考えが語られたことなどを確認しました。

　介護保険が要介護2の認定となっていることから、次回はケアマネジャー（介護支援専門員）にも同席してもらい、Ａさんの今後について再度話し合うことになりました。

▶ 2回目のカンファレンスと自宅退院

　1か月後に2回目の話し合いがもたれました。参加者はＡさん、妻、長女、ケアマネジャー、主治医、看護師、ソーシャルワーカーです。Ａさんは、妻と長女の顔を見るなり、「なんで家に帰れないのか？」「テレビでも見てゆっくりしたい」と訴えました。Ａさんの主張は一貫しています。参加者がＡさんの思いを改めて確認した後、1回目の話し合いを振り返り、ケアマネジャーとも経過を共有しました。

　ソーシャルワーカーは、Ａさんが希望している自宅退院に関し、率直に妻と長女に意見を求めました。妻は日中誰もいないという長女の心配はそのとおりだが、自分のパートは週3日なので、残りの日は家にいることもできる。ただ、買い物や近隣の友人と出掛けることもあるので、そのようなときにどうしたらよいかわからない。気持ちとしてはＡさんを自宅へ戻したいが、妻が家を空けるときなど、Ａさんを一人にするのは心配と打ち明けました。長女は仕事があり、Ａさんの見守りのために休むことができないこともわかりました。妻と長女の心配が、地域の社会資源で工夫できるかケアマネジャーに意見を求めました。

　ケアマネジャーから、デイサービスや訪問看護、ケアマネジャーによるモニタリングなどのかかわりが可能であること、家族が家を空けるときはショートステイなどの短期宿泊体制がとれることなどが説明されました。主治医からは、万一精神的に調子を崩すことがあれば再入院の選択肢もあるかもしれないので、相談は可能である旨も加えられました。

　Ａさんは、家に戻ることを何よりも望んでおり、デイサービスの利用や訪問看護に関しては、曖昧な返答に終始しましたが拒否することはありませんでした。Ａさんの関心は、家でくつろぎながら野球を見ることにあります。

　そこで、Ａさんの関心事から再度話を組み立て直し、自宅に戻ってテレビで野球を見

第1章　人権がまもられるということ

第2章　当事者の意思を尊重するために

第3章　成年後見制度を理解する

第4章　そのほかの人権にかかわる法制度・しくみ

第5章　人権にまつわる現代日本の福祉的課題

第6章　人を支援する際の大切なキーワード

第7章　人権に関連する機関

ることを大切にし、放送がない日や時間をどのように過ごすか、改めてＡさんの考えを聞かせてもらいました。もっとも関心のあることが大切にされたことで、空いた時間の活用については、妻や長女の心配、ケアマネジャーの提案を受け入れるとのことでした。ただ、認知症病棟への再入院は拒否しました。

　自宅退院の方針で合意したものの、脳梗塞後、Ａさんが初めて自宅で過ごすことになるため、実際にどうなるか心配であると妻や長女が伝えたことから、自宅への外出・外泊を実施し、妻・長女との生活が再開できるか試してみることになりました。

　結果、思ったよりも介護は必要でなく、デイサービスや訪問看護の利用で、家族も過度な負担なくできると感じ、自宅への退院が実現しました。Ａさんは、自宅で希望どおりメジャーリーグの観戦を楽しんでいます。時折利用するデイサービスでは、話の合う知り合いができ、退院数か月後には、週2回デイサービスを利用するようになりました。デイサービスを利用した日は、ニュースで日本人メジャーリーガーの活躍を確認し、知り合った友人や職員と話題にしています。野球シーズン終了後は、周囲のはたらきかけで週3日デイサービスを利用していますが、次のシーズンが始まったら、再びメジャーリーグ中心の生活に戻るとのことです。

　週1回の訪問看護は退院直後から利用しています。幸い短期記憶の低下は生活上の大きな課題とはならず、Ａさんは、自分のペースで過ごせる生活を送れているようです。

▶ ポイント

　病棟スタッフがＡさんの障害特性を考慮し、ある程度時間がとれるときに声をかけたり、Ａさんのペースで話を進めたりしたこと、カンファレンスにＡさんも同席してもらったこと、家族の意見だけで退院後の方針を決めなかったことなどは重要でした。Ａさんが入院前から楽しんでいた野球観戦に焦点をあてたことや、1回の話し合いで決めずＡさんや家族の意向を確認したうえで次の話し合いにつなげたことも、合意形成の過程として重要です。

　2回目のカンファレンスでは、社会資源の活用を想定し、ケアマネジャーにも参加してもらい、当初、具体的な生活イメージをもてなかったＡさんの生活の具体化を試みました。家族の不安解消を図る外出・外泊の試みもＡさんの希望を検討するうえでは効果的でした。

第1章 人権がまもられるということ

第2章 当事者の意思を尊重するために

第3章 成年後見制度を理解する

第4章 そのほかの人権にかかわる法制度・しくみ

第5章 人権にまつわる現代日本の福祉的課題

第6章 人を支援する際の大切なキーワード

第7章 人権に関連する機関

　認知症になったから、何も判断できない、保護して守るべき存在と決めつけることは避けなければなりません。Aさんは自宅退院となりましたが、現実的に本人の思いが実現できそうにない状況であっても、まずは本人の考えを検討の土俵に乗せることが大切で、その先に実現できるかどうか検討される必要があります。施設の利用などの結論ありきで、結論へ誘導するための話し合いにならないよう注意が必要です。

　Aさんのように家族の生活にも大きく影響する意思実現支援の段階では、家族に対するソーシャルワークも重要となります。近年、人生会議（ACP：アドバンス・ケア・プランニング）が注目されています。もしものときに本人が望む医療やケアについて、前もって家族や医療ケアチームと繰り返し話し合うことです。人生会議は、生死の分かれ目の場面だけではなく、Aさんのように脳梗塞等により生活が一変する場合にも必要になります。どこでどう生きるか、何に関心があり、何を大切にしたいか。そのために医療やケアをどう活用するか。医療者や支援者、家族が安心するための選択ではなく、人生の主体者たる本人が自らの希望に沿って決めていくことが重要と考えられています。

認知症者の生活拠点と支援のポイント～家族に対するソーシャルワーク～

家族が在宅介護に積極的

支援のポイント
- ADL評価(心身機能の理解促進)
- 環境アセスメント(家族介護体制や住環境の確認)
- ケアマネ・地域包括支援センター等地域支援者との相談
- 外出・外泊等の試行
- 中間施設の情報提供
- 家族の意思決定支援

支援のポイント
- ケアプラン作成支援
- 過度な介護負担へのブレーキング

支援のポイント
- 高齢者施設や療養型病院探しの支援
- 転院・入所後の家族関係維持へのはたらきかけ

支援のポイント
- 在宅支援へのはたらきかけ
- 在宅支援の介護サービス・在宅準備の中間施設・生活施設の情報提供
- 高齢者施設や療養型病院の情報提供
- 家族の意思決定支援
- 本人の権利擁護

在宅介護体制困難

在宅介護体制可能

家族が在宅介護に消極的

生活拠点を巡る家族の葛藤と諸条件

何とか
自宅でみたい

自宅以外の
選択肢を利用したい

地域支援力、家族の介護負担、家族の生活への影響、家族の心理的負担感、余裕のない対応への罪悪感、介護費用等

直面する課題

本人の満足度、費用、入所期限、距離、交通手段、施設機能、他科受診体制、家族へ求められる役割等

- 本人の状況や心情の理解:本人の意思と推定意思等
- 状況判断:家族と地域の介護体制、本人と家族双方の生活の両立、経済的課題等
- 家族の歴史や家族関係:感謝、恩返し、恨み、同居・別居の違いによる思い入れ等

●生活拠点　　●今後の家族のかかわりかた

第2章参考文献

1) 遠藤美貴「『自己決定』と『支援を受けた意思決定』」『立教女学院短期大学紀要』第48号、81～94ページ、2016年

第 3 章

成年後見制度を
理解する

01

意思決定支援と
成年後見制度

● 取消権・代理権の行使は最後の手段

　成年後見制度と聞くと、同意権、取消権や代理権などの法的権限を用いて、本人の権利を守るという印象をもつかもしれません。間違いではありませんが、成年後見制度でも、意思決定支援が前提にあります。

● 代行決定のプロセス

　「意思決定支援を踏まえた後見事務のガイドライン」では、まず**「本人が自ら意思決定できるよう、実行可能なあらゆる支援を尽くさなければ、代行決定に移ってはならない」**としたうえで、意思決定能力のアセスメントを行い、意思決定が困難であると判断された場合に推定意思（明確な根拠に基づき合理的に推定される本人の意思）に基づく代行決定に移行するとしています。逆、つまり、代行決定を前提として意思決定の可能性を探るという順序ではありません。また、いったん代行決定が行われた場合でも、新たな意思決定の場面では、意思決定能力があるという前提に立ったうえで再度、意思決定支援の手順を繰り返す必要があります。

　意思の推定にあたっては、本人が意思表示が困難になる前に残した文書や記録、音声、映像、他者への伝言などが重要となります。推定意思も確認できない場合は、代行決定へ移ります。代行決定では、「本人にとっての最善の利益」が重要になり、家族や関係機関の都合が優先されてはなりません。成年後見人等の価値観だけで決めることにも慎重さが必要です。緊急的な判断が求められる場合を除き、可能な限り、家族や関係機関、本人の立場で考えてくれる親しい友人も含めて、さまざまな視点から検討し、本人の立場に立った最善の利益を決めていくことが求められています。

第 1 章　人権がまもられるということ

第 2 章　当事者の意思を尊重するために

第 3 章　成年後見制度を理解する

第 4 章　そのほかの人権にかかわる法制度・しくみ

第 5 章　人権にまつわる現代日本の福祉的課題

第 6 章　人を支援する際の大切なキーワード

第 7 章　人権に関連する機関

意思決定支援・推定意思・代行決定の関係

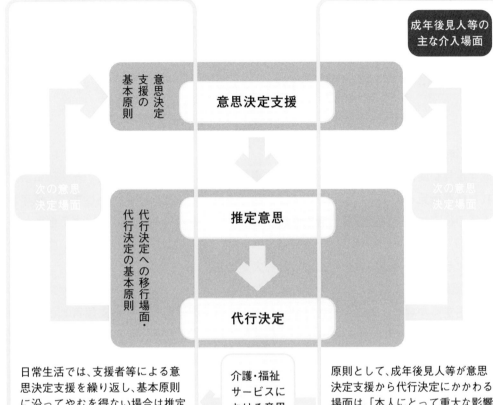

成年後見人等の主な介入場面

意思決定支援の基本原則

意思決定支援

次の意思決定場面

代行決定への移行場面・代行決定の基本原則

推定意思

次の意思決定場面

代行決定

日常生活では、支援者等による意思決定支援を繰り返し、基本原則に沿ってやむを得ない場合は推定意思や代行決定へ移る。意思が尊重される体験を重ねることが重要

介護・福祉サービスにおける意思決定支援体制の注視等

原則として、成年後見人等が意思決定支援から代行決定にかかわる場面は、「本人にとって重大な影響を与えるような法律行為及びそれに付随した事実行為」に限られる

資料：「意思決定支援を踏まえた後見事務のガイドライン」をもとに作成

02

成年後見制度のしくみ

財産管理と身上保護

　成年後見制度には、民法に規定された**法定後見**と、任意後見契約に関する法律に規定された**任意後見**とがあります。ここでは、法定後見について概要を説明します。成年後見人等の役割には、**財産管理と身上保護**があります。財産管理では他者による散財や不当な契約、詐欺などから財産を守るだけではなく、**本人にとって満足度の高い生活につながるようなお金の使い方を考えることも大切**です。

　身上保護は、どこに誰と住み、どのような生活を送るか、医療や福祉サービスをどの程度利用するかなど、**生活全般を見渡し、本人の意向を確認しながら支援者とともに行います**。身上保護では、契約や支払いが必要とされることが多く、財産管理と切り離せない関係にあります。

後見・保佐・補助

　後見、保佐、補助のうち、後見は最も判断能力が低下している状態に対する類型で、医療同意や日用品の購入その他日常生活に関する行為、身分行為などを除き、成年後見人には、ほぼすべての代理権が与えられます。保佐人には、民法第13条第1項に規定する9項目（①貸金の元本の返済を受ける、②金銭の借り入れや保証人になる、③不動産などの重要な財産についての売買など、④訴訟行為、⑤贈与、和解・仲裁契約、⑥相続の承認・放棄や遺産分割、⑦贈与・遺贈の拒絶や不利な条件がついた贈与や遺贈を受けること、⑧新築・改築・増築や大修繕、⑨一定の期間を超える賃貸借契約など）について一括して同意・取消権が与えられます。補助人の権限は、すべて被補助人の意向により決められます。

成年後見制度の概要

		法定後見制度			任意後見制度
		後見	保佐	補助	
開始の要件	対象	判断能力を欠く状態にあり、日常の買い物も一人では難しい人	判断能力が著しく不十分で、日常の買い物は一人でできるが、重要な財産管理などは難しい人	判断能力が不十分で、重要な財産管理などを一人ですることが不安な人	現在は判断能力に問題はなく、将来に備えたい人（判断能力が不十分になったときに開始される）
	鑑定の必要性	鑑定の必要あり	鑑定の必要あり	原則は診断書でよい	鑑定の必要なし
名称	本人	成年被後見人	被保佐人	被補助人	被任意後見
	支援者	成年後見人	保佐人	補助人	任意後見人（任意後見監督人選任前は任意後見受任者）
後見監督	監督体制	家庭裁判所			家庭裁判所は任意後見監督人の報告をもって間接的に関与
	監督人	成年後見監督人（必要に応じて家庭裁判所が選任）	保佐監督人（必要に応じて家庭裁判所が選任）	補助監督人（必要に応じて家庭裁判所が選任）	任意後見監督人（監督人選任後から任意後見制度の効力が発効）
開始手続	家庭裁判所に申立てすることができる人	本人、配偶者、四親等内の親族、検察官、市区町村長、任意後見人など			本人、配偶者、四親等内の親族、任意後見受任者など
成年後見人等の権限	必ず成年後見人等に与えられる権限　*本人の同意は不要	・すべての法律行為に関する代理権・すべての行為に関する取消権（日常生活に関する行為は除く）	・重要な法律行為【民法第13条第1項】に関する同意権・取消権（日常生活に関する行為は除く）	被補助人の同意なしに補助人へ与えられる権限はない	与えられない
	申立てにより成年後見人等に与えられる権限　*本人の同意が必要	成年後見人には、すべての代理権・取消権が付与されるため改めて申立てる権限はない	・申立時に指定する特定の法律行為（【民法第13条第1項】に限定されない）に関する代理権・申立時に指定する重要な法律行為【民法第13条第1項】以外の同意権・取消権	・申立時に指定する特定の法律行為（【民法第13条第1項】に限定されない）に関する代理権・申立時に指定する重要な法律行為【民法第13条第1項】の一部に関する同意権・取消権	希望に応じて自由に設定する

第1章　人権がまもられるということ

第2章　当事者の意思を尊重するために

第3章　成年後見制度を理解する

第4章　そのほかの人権にかかわる法制度・しくみ

第5章　人権にまつわる現代日本の福祉的課題

第6章　人を支援する際の大切なキーワード

第7章　人権に関連する機関

03

成年後見制度と
日常生活自立支援事業

日常生活自立支援事業とは

日常生活自立支援事業は、社会福祉法で第二種社会福祉事業として位置づけられ、都道府県・指定都市社会福祉協議会（窓口業務等は市町村の社会福祉協議会等）が実施しています（地域福祉権利擁護事業などの名称が使われている場合もあります）。**福祉サービスの利用に関する援助等に伴う「預金の払い戻し、預金の解約、預金の預け入れの手続等利用者の日常生活費の管理」「定期的な訪問による生活変化の察知」を基準**とし、具体的な援助の内容はそれぞれの社会福祉協議会が決定します。日常生活自立支援事業は、利用者の日常生活における困りごとに対して幅広く支援することができます。

成年後見制度と日常生活自立支援事業

　成年後見制度と日常生活自立支援事業はともに、判断能力の低下により支援が必要な障害者や高齢者の権利を守るしくみです。一方で、日常生活自立支援事業は社会福祉法を、成年後見制度は民法を根拠法とし、利用するための手続きなどで多くの違いもあります。日常生活自立支援事業は、契約締結能力がある利用者との契約に基づいてサービスが提供されますが、重度の知的障害や精神疾患、認知症などで、判断能力の低下が著しい場合には、成年後見制度の利用を検討することとなります。成年後見制度の利用者が日常生活自立支援事業を使うことは可能ですが、制限が設けられている場合があります。

　日常生活自立支援事業で提供されるサービスは、契約手続き、利用手続きなどの代行、制度の利用等にかかわる助言にすぎず、費用の支払いなどは本人の意向に添って行われます。法律行為について裁判所から代理権や取消権が与えられる成年後見制度とは大きく異なるところです。

成年後見制度と日常生活自立支援事業　図

判断能力と日常生活自立支援事業と後見制度の関係

家庭裁判所

成年後見制度

| 補助 | 保佐 | 後見 |

不十分　⇐　判断能力の状態　⇒　著しく欠ける

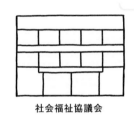
社会福祉協議会

日常生活自立支援事業

判断能力に応じて
制度を使い分ける

日常生活自立支援事業
〜社会福祉法〜

契約能力が十分

日常的な金銭管理

定期訪問による見守り

成年後見制度
〜民法〜

契約能力が不十分

取消権

代理権　同意権

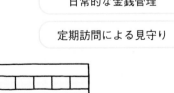
社会福祉協議会

社会福祉協議会による
相談・助言・援助

後見人等による
代行代理決定支援

家庭裁判所

04

成年後見人の役割①
（財産管理）

■ 成年後見人の権限

　成年後見人には、①財産管理権・財産に関する法律行為の代理権と②取消権が与えられます。広範な代理権とともに取消権を与えることで、判断能力の低下した本人の財産の保全を図っているのです。

① 　財産管理権・財産に関する法律行為の代理権

　成年後見人の主な職務は、本人の財産を適正に管理することで、そのために財産管理に関する包括的な代理権が与えられています（民法第859条）。**代理権とは特定の法律行為を本人に代わって行うことができる権限**のことです。成年後見人が代理権を行使するにあたっては、厳格な姿勢が求められます。

② 　取消権

　取消権とは、**本人が単独で行なった法律行為を取り消すことができる権限**で、「成年被後見人の法律行為は、取り消すことができる」（民法第9条）が根拠となります。ただし、自己決定の尊重の観点から、例えば食料品や衣類などの「日用品の購入その他日常に関する行為」については取り消すことは認められていません。

■ 善良なる管理者の注意義務

　民法第644条には「善良なる管理者の注意義務」（**善管注意義務**）が規定されています。専門職後見人は、その職業、地位、知識などを勘案して、客観的・一般的に要求される平均的な人よりも高度な注意義務が課されます。成年後見人が代理権や取消権を行使するにあたっては、厳格な姿勢が求められ、注意義務に違反した場合、成年後見人を解任されることもあります。また、損害を与えた場合は損害賠償の責任が生じます。

財産管理

財産管理

民法第859条
後見人は、被後見人の財産を管理し、
かつ、その財産に関する法律行為について 被後見人を代表 する。

後見人

本　人

善管注意義務

民法869条

第644条（中略）の規定は後見について準用する。

家庭裁判所

選　任　　財産管理権

↓

親族後見人　≪　専門職後見人

責任

民法644条

受任者は、委任の本旨に従い、善良な管理者の注意をもって、委任事務を処理する義務を負う。

委任者　≪　受任者

責任

委任

第1章　人権がまもられるということ
第2章　当事者の意思を尊重するために
第3章　成年後見制度を理解する
第4章　そのほかの人権にかかわる法制度・しくみ
第5章　人権にまつわる現代日本の福祉的課題
第6章　人を支援する際の大切なキーワード
第7章　人権に関連する機関

05

成年後見人の役割②
（身上保護）

▶ **本人の意思の尊重義務及び身上配慮義務（身上保護）**

　成年後見人が本人に代わって法律行為を行う際には、本人の意思を尊重し、心身の状態や生活の状況全般に目を配るべきと規定されています（民法第858条）。一般的には**身上保護**といい、後見事務を行う成年後見人の立場をあらわしたものです。

　具体的には、本人の意思を確認したうえで医療や福祉サービスの利用などにかかわる契約を締結し、契約の内容が確実に実行されているかどうかを監視します。ただし、成年後見人の職務は契約等の法律行為とそれに付随する事実行為に限られており、食事の世話や実際の介護などは、原則として成年後見人の仕事ではありません。また医療サービスに関して、成年後見人は診療契約全体（適切に診療してもらうことと、診療報酬を支払う旨の約束）についての代理権を有するのみで、手術などの外科的処置や手術に準じた検査などの医療行為に対する同意権まではないものとされています。

▶ **身上保護の充実と不正防止**

　成年後見人等と本人との関係をみると、親族のほか、弁護士や司法書士などの専門職、社会福祉協議会などの法人、市民後見人が選任されています。サポートのあり方として、個人が個人を支え続ける伴走型支援だけでは、後見人の負担も大きく、また、不正が起こるリスクも高くなります。複数名で担当し見守るタンデム型、個人から個人に引き継ぐリレー型、法人後見などの組織型など、不正防止の観点からだけでなく、本人や親族のニーズに合わせて多様な成年後見制度の運用がされるようになっています。

第1章　人権がまもられるということ

第2章　当事者の意思を尊重するために

第3章　成年後見制度を理解する

第4章　そのほかの人権にかかわる法制度・しくみ

第5章　人権にまつわる現代日本の福祉的課題

第6章　人を支援する際の大切なキーワード

第7章　人権に関連する機関

身上保護

身上保護

民法第858条
成年後見人は、成年被後見人の生活、
療養看護及び財産の管理に関する事務を行うに当たっては、
成年被後見人の意思を尊重し、
かつ、その心身の状態及び生活の状況に配慮しなければならない。

本人意思
尊重義務

身上配慮
義務

不正防止や身上保護の充実

伴走型

リレー・タンデム型

法人組織・
ネットワーク型

本人の低年齢化、多様性などの
「後見の社会化」に対応するため

06

成年後見制度利用の流れと費用

■ 成年後見制度利用の概要

① 申立窓口

　法定後見の申立てにあたっては、本人の住所地（住民票がある場所）を管轄する家庭裁判所が窓口になります。実際の居所が、住民票上の住所地と異なる場合は、本人の住所地（本人が実際に生活している場所）を管轄する家庭裁判所になる場合もあります。

② 申立てができる人

　法定後見の申立権があるのは、本人、配偶者、四親等内の親族などです。一方で、老人福祉法、精神保健福祉法、知的障害者福祉法により「本人の福祉を図るため特に必要があると認めるとき」は、市区町村長に法定後見の申立てを認めています。身寄りがなく判断能力の不十分な場合であっても制度が利用できるようにするためです。

③ 法定後見の対象者

　法定後見制度を利用できるのは、認知症高齢者や知的障害者、精神障害者のうち判断能力の不十分な人です。申立時の判断能力の程度に関しては、成年後見等の申立ての際に提出する「医師の診断書」が一つの目安とされており、精神科医に限らず作成が可能とされています。原則として後見や保佐申立ての場合は、申立後に家庭裁判所によって精神鑑定が行われます。

■ 本人の同意

　後見開始や保佐開始の申立てには本人の同意が必要とされていません。親族や市区町村長が申立人の場合は、本人の同意が得られないまま審判がされる場合もあり、選任された後見人等が信頼関係づくりに苦心する場合があります。

成年後見制度利用の流れ

相談	申立て	成年後見制度の開始
地域の相談窓口へ	**家庭裁判所へ**	**成年後見人などの決定**

相談支援専門員、地域包括支援センター、権利擁護センター、社会福祉協議会、成年後見センター、市区町村の相談窓口、成年後見制度にかかわっている社会福祉士・司法書士・弁護士の団体など

相談してください。

※申立てから利用開始までの期間は、多くの場合、早ければ1〜2か月、長くても4か月以内くらい。

申立費用など

申立手数料	【収入印紙】800円〜 2,400円分
後見等登記手数料	【収入印紙】2,600円分
審判書の送付や登記の嘱託に使用	【郵便切手】3,270円〜 4,210円分
鑑定費用	医師に支払う費用で上限は20万円程度

申立書に添付する診断書や戸籍などについては別途実費が必要。また、申立類型ごとに費用が異なる。
東京家庭裁判所ホームページ「申立てにかかる費用・後見人等の報酬について」
（https://www.courts.go.jp/tokyo-f/saiban/kokensite/hiyou/index.html）を参考に作成

07 成年後見人には だれがなるのか

成年後見人の資格

　成年後見人の選任にあたって特別な資格は必要ありませんが、民法第847条に定める欠格事由に該当せず、かつ、適正な後見等事務を行えることが必要です。**家庭裁判所は選任にあたって、本人の心身の状態・生活状況、財産状況、成年後見人候補者の職業・経歴、成年後見人候補者と本人との利害関係の有無、本人の意向等をふまえて、総合的に判断し決定します。**

成年後見人になっている人

① 親族後見人

　親族で成年後見人になりたい場合は、申立時に候補者として名乗りをあげることが必要です。ただし、本人に一定額以上の財産がある場合には、成年後見監督人等が選任されたり、後見制度支援信託等の利用を指示されることもあります。また、親族間で本人の身上保護や財産管理等の方針をめぐり意見が対立している場合、遺産分割協議など候補者と本人との間で利益相反が生じる場合には、たとえ候補者がいても親族以外が選任されることもあります。

② 専門職後見人

　成年後見人等と本人との関係をみると、親族以外が後見人等に選任される割合が8割を占めており、その多くは、弁護士・司法書士・社会福祉士です。行政書士や精神保健福祉士等の専門職が選任されることもあります。法律専門職と福祉専門職、親族等の複数体制にすることも可能ですが、その際は適切な役割分担と円滑な連携が求められます。

成年後見人等　図

第1章　人権がまもられるということ

第2章　当事者の意思を尊重するために

第3章　成年後見制度を理解する

第4章　そのほかの人権にかかわる法制度・しくみ

第5章　人権にまつわる現代日本の福祉的課題

第6章　人を支援する際の大切なキーワード

第7章　人権に関連する機関

成年後見人等と本人との関係

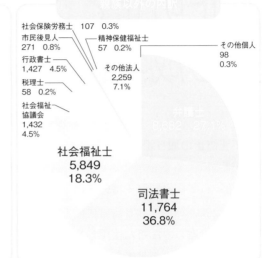

親族・親族以外の別

親族
7,660
19.1%

親族以外
32,004
80.9%

親族以外の内訳

社会保険労務士　107　0.3%

市民後見人
271　0.8%

行政書士
1,427　4.5%

税理士
58　0.2%

社会福祉協議会
1,432
4.5%

精神保健福祉士
57　0.2%

その他法人
2,259
7.1%

その他個人
98
0.3%

弁護士
8,662　27.1%

社会福祉士
5,849
18.3%

司法書士
11,764
36.8%

資料：最高裁判所事務総局家庭局
「成年後見関係事件の概況
（令和4年1月～12月）」

親族・専門職以外の成年後見人

法人後見	社会福祉協議会などの社会福祉法人、NPO法人などの法人が成年後見人等に選任されること。法人の職員が担当して後見事務を行う。成人年齢が18歳に引き下げられたこともあり、後見業務が長期間にわたる場合でも、継続的に後見業務にあたることができる
市民後見	専門職や親族以外の市民が成年後見人等に選任されること。同じ地域に暮らす住人として本人と同じ目線で考え、相談し合える、寄り添い型の支援を体現する活動

08 不正防止とメリットを実感できる成年後見制度の活用方法

不正防止の取り組み

後見人による不正があとを絶たないことから、2012（平成24）年2月から、不正防止対策として後見制度支援信託の運用が開始されました。**後見制度支援信託**は、本人の財産のうち、買い物など日常生活を送るうえで支払いが必要になる分を預貯金等として後見人が管理し、ふだん使用しない分を信託銀行などに信託するしくみのことです。信用金庫などが取り扱う**後見制度支援預金**も活用されています。

また、親族を後見人として選任する場合は、併せて成年後見監督人を選任する、もしくは親族と専門職が後見人として事務をサポートするようになってきています。

安心できる後見制度にするために

成年後見制度が始まったころは親族が後見人として選任される割合は9割を超えており、「家族頼みの後見制度」でしたが、不正防止のほか、身寄りのない人や虐待を受けた人を保護するために親族以外が後見人として選任される割合が急増し、「社会全体で支える制度（成年後見の社会化）」への転換が図られました。

一方で、最高裁判所は、身上監護の観点も重視した本人の利益保護のため、「後見人となるにふさわしい親族等の身近な支援者がいる場合は、できる限りこれらの者を後見人に選任することが望ましい」との考えを明らかにしました（第2回成年後見制度利用促進専門家会議）。専門職後見人と親族後見人の両立・共存の時代に入ってきたといえます。成年後見制度が安心して利用できる制度であるためには、本人や後見人を孤立させないようにする環境づくりが重要です。中核機関（152ページ）の役割が期待されるところです。

後見制度支援信託のイメージ

❸ **定期交付**
（後見人が管理する
預貯金口座へ振込）

❷ **金銭を信託**

専門職後見人　　親族後見人　　本人
（委託者・受益者）　　　信託銀行等
（受託者）

❶ **報告書の提出**

家庭裁判所

❷ **指示書の発行**

後見制度支援信託は、保佐、補助及び任意後見では利用できない。
財産を信託する信託銀行や信託財産の額などについては、原則として弁護士、司法書士などの専門職後見人が本人に代わって決定し、そのうえで、家庭裁判所の指示を受けて、信託銀行等との間で信託契約を締結する。

後見制度支援預金の特徴

後見制度支援預金	本人の財産のうち、日常的な支払いに必要な分を預貯金等として親族後見人が管理し、ふだん使用しない金銭を後見支援預金として預金するしくみ
後見制度支援信託との違い	後見制度支援預金は、①後見支援預金の契約締結の手続きについて、専門職後見人を関与させずに親族後見人自身が単独で契約締結を行う場合もあること、②後見支援預金を取り扱う金融機関が、後見制度支援信託と比べて、より身近にあることがその違いになる

資料：名古屋家庭裁判所「後見制度支援信託・後見支援預金 Q&A」

第1章　人権がまもられるということ
第2章　当事者の意思を尊重するために
第3章　成年後見制度を理解する
第4章　そのほかの人権にかかわる法制度としくみ
第5章　人権にまつわる現代日本の福祉的課題
第6章　人を支援する際の大切なキーワード
第7章　人権に関連する機関

09

任意後見制度

任意後見制度の誕生

　任意後見制度は、2000（平成12）年に禁治産者・準禁治産者制度が見直され、成年後見制度が創設された際、「自己決定の尊重の理念」に則して、「任意後見契約に関する法律」により誕生しました。本人の判断能力があるうちに、将来、判断能力が不十分な状態になった場合に備えて、**あらかじめ自らが選んだ「任意後見人」に、自分の生活、療養看護や財産管理に関する事務について代理権を与える「任意後見契約」を結んでお**くというものです。

任意後見制度の利用

　任意後見契約は公証人が作成する公正証書によるものでなければならないと定められています。これは、契約に公証人がかかわることにより、本人の意思に基づいて契約を結んでいることを確認する、任意後見人の代理権の有無や範囲を公的機関によって証明するなどのためです。

　任意後見契約は、家庭裁判所が、本人の判断能力が衰えたと認め、任意後見監督人を選任したときから、その法的効力が生じます。契約で定められた任意後見人は、任意後見監督人の監督のもと、契約で定められた特定の法律行為を本人に代わって行います。ただし、任意後見では「取消権」がありませんので、本人が誤ってした高額な契約などを取り消すことはできません。

任意後見利用開始（発効）手続の流れ

| 任意後見
契約締結 | ひとりで決める
ことが不安 | 任意後見監督人
選任の申立て | 任意後見監督人
の選任 | 任意後見契約の
効力発生 |

任意後見契約の類型

①将来型	契約時に本人の判断能力の低下がみられない場合の契約のかたち。将来、本人の判断能力が低下したときに任意後見監督人選任の申立てをして契約の効力が生まれる。任意後見契約の本来の形ともいえる
②移行型	契約時に本人の判断能力の低下がみられない場合の契約のかたち。判断能力に問題のない間は、事務委任契約による任意代理として、主に財産管理などの事務を行う。本人の判断能力が衰えた際、任意後見監督人選任の申立てをして契約の効力が生まれる
③即効型	判断能力の低下がみられるものの、意思能力は十分にあるうちに、任意後見契約を締結し、同時に家庭裁判所に任意後見監督人の選任の申立てを行う場合の契約

任意後見の三類型の違い

将来型

移行型

即効型

 見守り

任意代理

任意後見

任意後見

死後事務委任契約・遺言等

任意後見契約締結

相続開始

第1章 人権がまもられるということ

第2章 当事者の意思を尊重するために

第3章 成年後見制度を理解する

第4章 そのほかの人権にかかわる法制度・しくみ

第5章 人権にまつわる現代日本の福祉的課題

第6章 人を支援する際の大切なキーワード

第7章 人権に関連する機関

10

成年後見制度利用支援事業

成年後見制度利用支援事業とは

成年後見制度利用支援事業は、成年後見制度の申立てにかかる経費や後見人等に対する報酬の全部または一部を助成する事業です。介護保険法における地域支援事業として、障害者総合支援法における市町村地域生活支援事業として位置づけられています。

成年後見制度利用支援事業の課題

成年後見制度利用支援事業については、市町村によって実施状況が異なり、「後見人等が報酬を受け取ることができない事案が相当数ある」と指摘されています。成年後見制度利用支援事業の対象になる費用の範囲には、①市町村長申立以外の本人申立や親族申立の申立費用及び報酬、②生活保護以外の低所得者の申立費用及び報酬、③後見等監督人が選任される場合の報酬も含めることなどが、市町村には期待されています。

本人の権利を守るために

福祉サービスの利用が必要であるにもかかわらず、判断能力や契約能力に課題があり、サービスの提供を受けるための利用契約ができない人がいます。親族が、本人を代行してサービスの内容を比較検討し契約することが一般的ですが、「親族の選択」が必ずしも本人の意思を反映しているとは限りません。一方で、近しい親族がいなかったり、親族から虐待を受けていたりするなど、本人の権利擁護が必要な場合もあります。成年後見の需要はさらに高くなることが予想されます。市町村には、本人の福祉をはかるためにも市町村長申立のいっそうの活用とともに、成年後見制度利用支援事業をより利用しやすい制度にしていくことが求められます。

成年後見制度の利用にかかる申立費用及び報酬の助成の実施状況

○高齢者を対象

年度	助成制度あり	申立費用助成及び報酬助成	申立費用のみ	報酬助成のみ	助成制度なし
令和4年度	1,699	1,602	11	86	42
令和3年度	1,690	1,575	16	99	51
令和2年度	1,660	1,508	25	127	81

資料：令和4年度成年後見制度利用促進施策に係る取組状況調査結果（概要版）

○障害者を対象

年度	助成制度あり	申立費用助成及び報酬助成	申立費用のみ	報酬助成のみ	助成制度なし
令和4年度	1,703	1,605	15	83	38
令和3年度	1,682	1,565	20	97	59
令和2年度	1,650	1,504	30	116	91

資料：令和4年度成年後見制度利用促進施策に係る取組状況調査結果（概要版）

第1章　人権がまもられるということ

第2章　当事者の意思を尊重するために

第3章　成年後見制度を理解する

第4章　そのほかの人権にかかわる法制度・しくみ

第5章　人権にまつわる現代日本の福祉的課題

第6章　人を支援する際の大切なキーワード

第7章　人権に関連する機関

11 成年後見制度利用促進法

成年後見制度の利用促進に関する法律の成立・施行

認知症高齢者の増加により、成年後見制度に対するニーズが増えると見込まれる一方、病気や障害によって、成年後見制度の利用が必要であるにもかかわらず、利用が少ないことから、2016（平成28）年、促進法（**成年後見制度の利用の促進に関する法律**）が成立・施行されました。同法は、成年後見制度利用促進の基本理念を定めて国の責務等を明らかにするとともに、成年後見制度の利用促進に関する施策を総合的かつ計画的に推進することを目的としています。

成年後見制度の見直し

促進法に基づき作成された第二期成年後見制度利用促進基本計画では、本人の意思決定支援と権利侵害の回復支援を合わせて、権利擁護支援として整理し、すでにある他の支援ネットワークに権利擁護支援の地域連携ネットワークを重ねることで、地域共生社会の実現を目指すとされました。また、成年後見制度等の見直しに向けた検討についてもふれています。

重要なことは、成年後見制度の利用ありきではなく、**意思決定支援を中心とした権利擁護支援の体制を整え、必要な人に必要な支援を届け、支援を必要とする人がとり残されないしくみづくり**が目指されていることです。

必要なときだけ成年後見制度を利用する考えもあります。制度の根幹を見直す必要性もあることから、厚生労働省の成年後見制度利用促進専門家会議とは別に、法務省で民法の改正が検討されています。

成年後見制度利用促進の基本的な考え方　図

〜現に向けた権利擁護支援の推進

地域共生社会の実現

〜年後見制度利用促進法 第1条 目的

〜支援体制と地域における様々な支援・活動のネットワーク

子ども支援の
ネットワーク

地域社会の見守り等の
緩やかなネットワーク

権利擁護支援の
〜域連携ネットワーク

生活困窮者支援の
ネットワーク

自立した生活と地域社会への包容

権利擁護支援

（本人を中心にした支援・活動の共通基盤となる考え方）

意思決定支援

権利侵害の回復支援

出典：厚生労働省を一部改変

第1章　人権がまもられるということ

第2章　当事者の意思を尊重するために

第3章　成年後見制度を理解する

第4章　そのほかの人権にかかわる法制度・しくみ

第5章　人権にまつわる現代日本の福祉的課題

第6章　人を支援する際の大切なキーワード

第7章　人権に関連する機関

定価
2,420円
税10%

注文補充カード

貴店名

注文日　月　日

注文数　冊

書名　出版社

中央法規出版

8058

著者　岩崎　香＝編集

図解でわかる意思決定支援と成年後見制度

ISBN978-4-8058-8987-9

C3036 ￥2200E

定価 2,420円
（本体 2,200円）
（税10%）

978-4-8058-8987-9

売上カード
中央法規出版
東京都台東区台東3-29-1 中央法規と...
電話 03(3834)5815
FAX 03(3837)8035

ISBN978-4-8058-8987-9
C3036 ¥2200E

定価 2,420円
（本体 2,200円）
（税10%）

12

日常生活自立支援事業から成年後見制度の利用に移行した高齢者の事例

　Aさんは一人暮らしの認知症高齢者で、「通帳をなくした」と再発行を繰り返していました。ケアマネジャーに「通帳をヘルパーに盗られた」と妄想的な訴えをするようになりました。ケアマネジャーが社会福祉協議会に相談にいくと、日常生活自立支援事業を担当している専門員が訪問してくれることになりました。専門員が訪問して事業の説明をすると、「勝手に使い込むのではないか」といった不安を訴えます。専門員が、社会福祉協議会は法人なので支援員と専門員の複数で管理するし、「運営適正化委員会」という第三者機関が監査をするしくみもあるので大丈夫ですよと説明しました。安心した様子のAさんは事業の利用申込みをしました。社会福祉協議会の「契約締結審査会」でAさんの利用が承認されたため、専門員は担当の支援員とともに自宅を訪問し、本人の希望を聞いて支援計画を作成しました。その後、Aさんと社会福祉協議会との間で契約が交わされ、Aさんは通帳を預けました。支援員はAさんの代わりに銀行で出金し、毎週1回自宅を訪問して日常生活費として本人に渡すようになり、自宅に「通帳は社会福祉協議会が預かっています」と張り紙をしました。

　次第にAさんは認知症がすすみ、支援員が訪問する日時も忘れるようになります。ある日、支援員が訪問すると必要のない住宅のリフォームを契約していることがわかりました。専門員がケアマネジャーに相談し、グループホームへの入所が検討されることになりました。入所契約という法律行為があるのと、空き家になる自宅を管理する必要もあり、成年後見制度へ移行することとなりました。専門員の支援でAさん自身が申立てを行い、司法書士が保佐人になりました。保佐人になった司法書士は、社会福祉協議会から通帳を受け取り、管理を引き継ぎました。そして、本人とともに入所契約を交わし、Aさんは無事にグループホームで暮らすようになりました。

第1章　人権がまもられるということ

第2章　当事者の意思を尊重するために

第3章　成年後見制度を理解する

第4章　そのほかの人権にかかわる法制度・しくみ

第5章　人権にまつわる現代日本の福祉的課題

第6章　人を支援する際の大切なキーワード

第7章　人権に関連する機関

成年後見人の役割

自己決定
意思決定

最善の利益
代理決定

意思決定支援を踏まえた
後見事務のガイドライン基本原則

後見人の専門性

低　　　　　　　　　財産管理の専門性　　　　　　　　　高

身上保護の専門性　　低

親族
市民後見人
社会福祉協議会

複数後見

弁護士
司法書士

社会福祉士
精神保健福祉士

複数後見

身上保護の専門性　　高

14 成年後見人による精神科病院からの退院支援の事例

　50代のEさんは、精神科病院に入院しています。母親が亡くなった後の相続手続きのため、姉の申立てにより、精神保健福祉士がEさんの成年後見人として選任されました。成年後見人は姉と遺産分割協議を行い、Eさんは母親の遺産を相続することができました。成年後見人が面会を続け、信頼関係を築けてくると、Eさんは「集団生活は気をつかう…退院したい」と自分の意思を打ち明けてくれました。一方で、「一人暮らしは自信もないしあきらめている」ともいいます。成年後見人が姉に確認したところ「ごみ屋敷状態だった自宅の掃除も大変だった。昼夜逆転と怠薬があり入院した。生活費の管理をしていたが、夜中に電話がかかってきて私の家族に迷惑かけた」と退院には消極的でした。主治医は、「病状的には退院可能」という意見です。そこで、成年後見人は病院のソーシャルワーカーも交え、本人と退院に向けて話し合い、①金銭管理は成年後見人が行うこと、②グループホームに入居すること、③病院のデイケアに通うことを確認しました。成年後見人は市役所で障害福祉サービスの利用申込みを行い、相談支援専門員が選任されました。成年後見人は、相談支援専門員が探してきたグループホームの見学に同行しました。そこは、ワンルームアパートを利用したグループホームで、集団生活が苦手なEさんも気にいった様子でした。後日、成年後見人がEさんの意思を確認すると入居したいとはっきり伝えました。退院後の生活に向けて、相談支援専門員がケース会議を開催し、成年後見人もEさんと同席しました。出席した姉も安心した様子で退院に賛成してくれたので、Eさん、成年後見人ともに地域生活に向けたサービス等利用計画案にサインをしました。成年後見人が、本人の意思決定を支援しながら環境調整や家族調整を図り、必要に応じて代理権を行使しつつ退院が実現したのでした。

本人との信頼関係

成年後見人

本人

本人との定期的な面談
支援者からの情報収集

日常生活の観察
生活歴の把握

意思決定能力

意思決定に際し、支援を受けて
自らの意思を自分で決定することのできる能力

意思決定支援者
家族・成年後見人

本人（意思決定者）
単独での意思決定に困難を抱える人

第1章　人権がまもられるということ
第2章　当事者の意思を尊重するために
第3章　成年後見制度を理解する
第4章　そのほかの人権にかかわる法制度・しくみ
第5章　人権にまつわる現代日本の福祉的課題
第6章　人を支援する際の大切なキーワード
第7章　人権に関連する機関

そのほかの人権に かかわる法制度・しくみ

01

障害者差別解消法

障害者差別解消法の目的

障害者差別解消法（障害を理由とする差別の解消の推進に関する法律）は、不当な差別的取扱いを禁止し、合理的配慮の提供及び環境の整備により、すべての国民が障害のあるなしにかかわらず、ともに生きる社会の実現を目的としています。

障害者差別解消法の内容

障害者差別解消法では、公共団体や事業者を対象に、障害があるということだけで、正当な理由なく、**商品やサービスの提供を拒否したり、制限したり、条件をつけたりするような行為（差別的取扱い）と、合理的な配慮を提供しないことを禁じています。**事業者とは、商業その他の事業を行う企業や団体、店舗であり、営利・非営利、個人・法人の別を問いません。したがって、個人事業主やボランティア活動を行うグループなども「事業者」に含まれます。ただし、客観的にみて、合理的な配慮を提供しようとすると事業者にとても大きな負担がかかる場合などは除外されます。

法律の施行によって、差別を解消するための取り組みについて政府全体の方針を示す「基本方針」と、行政機関等ごと、事業分野ごとに障害を理由とする差別の具体的内容等を示す「対応要領」「対応指針」が作成・公表されています。また、差別解消に向けた取り組みの一環として、自治体に障害当事者や家族も参加する障害者差別解消支援地域協議会が設置されています。

合理的配慮とは？

○合理的配慮とは、障害のある人が障害のない人と同じように社会のなかで過ごすために必要とされる配慮。ただし、配慮を提供する側に大きな負担になることは除かれます。

視覚障害のある人が市役所の入口で、どこに行っていいのかわからずに困っています。

→声をかけて、道案内をしました。

聴覚障害のある人が探している商品がどこにあるのか聞きたいのですが、うまく伝わりません。

→筆談できる紙と書くものを用意して、やっと探しているものをわかってもらえました。

障害者権利条約の採択を受けた国内法の整備

1948年	1975年	1981年	2006年	2011 （平成23）年	2012 （平成24）年	2013 （平成25）年
世界人権宣言	障害者の権利宣言	国際障害者年	障害者権利条約採択	（日本） 障害者基本法改正	（日本） 障害者総合支援法	（日本） 障害者差別解消法

1948年の世界人権宣言を起点に、1975年に国連で「障害者の権利宣言」が採択。
その後、障害者の権利に関する条約（障害者権利条約）が2006年に国連で採択されたことを受け、日本でも、同条約の締結に必要な国内法の整備が進められ、障害者基本法の改正、障害者差別解消法の制定などにつながっていった。

02

高齢者虐待防止法

● 高齢者虐待防止法

高齢者虐待防止法（高齢者虐待の防止、高齢者の養護者に対する支援等に関する法律）は、高齢者虐待の防止、養護者に対する支援などに関する施策を、国及び地方公共団体の公的責務のもとで促進することにより、高齢者の人権を守ることを目的としています。

● 高齢者虐待防止法の対象

高齢者虐待防止法では、「高齢者」を65歳以上の者と定義していますが、65歳未満であっても高齢者施設に入所し、サービスの提供を受ける障害者については、「高齢者」とみなして法の対象となります。また、高齢者虐待を、家族等による虐待と高齢者を対象としたサービス従事者等による虐待に分けて定義しています。

● 高齢者虐待はどうして起こるのか

虐待を受けた高齢者の約7割に認知症の症状がみられるとされ、認知症に伴う性格の変化、昼夜逆転の生活、妄想や徘徊などへの対応の困難さなどが介護をする家族にとっては大きな負担となります。そうしたストレスや認知症に関する知識のなさなどが虐待に結びついてしまうとされており、家族が孤立しないような見守りやサポートが必要とされています。

福祉サービス従事者の場合も、サービスを利用する高齢者の状態とともに、介護に伴う疲労や待遇への不満などが虐待の原因としてあげられています。深刻な人材不足が指摘されるなか、介護に携わる職員の教育はもちろん、労働環境の整備も大きな課題だといえます。

高齢者虐待の種類

高齢者虐待

① 身体的虐待：高齢者の身体に外傷が生じたり、生じるおそれのある暴行を加えたりすること

② 介護・世話の放棄・放任：高齢者を衰弱させるような著しい減食または長時間の放置

③ 心理的虐待：高齢者に暴言を吐いたりまたは著しく拒絶的な対応をしたりして、著しい心理的外傷を与える言動を行うこと

④ 性的虐待：高齢者にわいせつな行為をすることまたは高齢者をしてわいせつな行為をさせること

⑤ 経済的虐待：高齢者の財産を不当に処分したり、不当に財産上の利益を得たりすること

要介護認定者の認知症日常生活自立度

	人 数	割 合（%）
自立または認知症なし	978	8.6
認知症日常生活自立度 Ⅰ	1,999	17.5
Ⅱ	4,125	36.1
Ⅲ	2,819	24.7
Ⅳ	768	6.7
M	195	1.7
認知症はあるが自立度は不明	343	3.0
認知症の有無が不明	199	1.7
合　計	11,426	100.0
（再掲）自立度Ⅱ以上（※）	（8,250）	（72.2）

注 「認知症はあるが自立度は不明」には「自立度Ⅱ以上」の他「自立度Ⅰ」が含まれている可能性がある。
※ 自立度Ⅱ、Ⅲ、Ⅳ、M、認知症はあるが自立度は不明の人数の合計
資料：令和３年度「高齢者虐待の防止、高齢者の養護者に対する支援等に関する法律」に基づく対応状況等に関する調査結果

虐待を受けた高齢者の約７割に認知症の症状がみられています。

第1章 人権がまもられるということ

第2章 当事者の意思を尊重するために

第3章 成年後見制度を理解する

第4章 そのほかの人権にかかわる法制度・しくみ

第5章 人権にまつわる現代日本の福祉的課題

第6章 人を支援する際の大切なキーワード

第7章 人権に関連する機関

03

障害者虐待防止法

障害者虐待防止法

　障害者福祉施設の職員などによる虐待について、いまだに多くの相談・通報が市町村等に寄せられています。障害者福祉施設では、暴れたり、いうことをきかなかったりする利用者を「抑える」ことのできる職員が一目おかれるといった状況がありました。

　これが問題視されるようになったのは1990年代後半からで、施設での重篤な虐待事案が報道されるようになり、社会的な注目を集めるようになりました。

　2012（平成24）年10月に施行された、**障害者虐待防止法**（障害者虐待の防止、障害者の養護者に対する支援等に関する法律）では、虐待を受けたと思われる障害者を発見した場合の通報義務を設けています。また、通報をした人が不利益な扱いを受けないよう、「通報者保護」が規定されています。

　障害者虐待防止法は、虐待をした人を罰することが目的ではなく、特に障害者の家族（養護者）による虐待があった場合に、その背景を探るとともに、家族の負担を軽減するために、障害者本人が短期間利用する居室を確保するといった、養護者に対する支援について定めています。

医療機関における通報の義務

　なお、障害者虐待防止法において、医療機関における虐待については通報義務の対象とはされていませんでした。2022（令和4）年に精神保健福祉法が改正され、**精神科病院の業務従事者による虐待を受けたと思われる患者を発見した場合に都道府県等に通報することが義務づけられるとともに、通報者の保護についても定められました**（2024（令和6）年4月施行）。

障害者虐待

① 養護者による虐待
② 障害者福祉施設従事者等による虐待
③ 使用者による虐待

虐待の類型

① 身体的虐待：障害者の身体に外傷が生じ、もしくは生じるおそれのある暴行を加え、または正当な理由なく障害者の身体を拘束すること
② 性 的 虐 待：障害者にわいせつな行為をすることまたは障害者をしてわいせつな行為をさせること
③ 心理的虐待：障害者に対する著しい暴言または著しく拒絶的な対応その他の障害者に著しい心理的外傷を与える言動を行うこと
④ 放棄・放置：障害者を衰弱させるような著しい減食または長時間の放置、養護者以外の同居人による①から③までに掲げる行為と同様の行為の放置等養護を著しく怠ること
⑤ 経済的虐待：養護者または障害者の親族が当該障害者の財産を不当に処分することその他当該障害者から不当に財産上の利益を得ること

市町村障害者虐待防止センターの業務

① 養護者、障害者福祉施設従事者等、使用者による障害者虐待に関する通報または届出の受理
② 養護者による障害者虐待の防止及び養護者による障害者虐待を受けた障害者の保護のための相談、指導及び助言
③ 障害者虐待の防止及び養護者に対する支援に関する広報・啓発

都道府県障害者権利擁護センターの業務

① 使用者虐待に関する通報または届出の受理
② 市町村が行う措置に関する市町村相互間の連絡調整、市町村に対する情報提供、助言その他の援助
③ 障害者及び養護者支援に関する相談、相談機関の紹介
④ 障害者及び養護者支援のための情報提供、助言、関係機関との連絡調整等
⑤ 障害者虐待の防止及び養護者支援に関する情報の収集分析、提供
⑥ 障害者虐待の防止及び養護者支援に関する広報・啓発
⑦ その他障害者虐待の防止等のために必要な支援

04

DV防止法

■ 人権の擁護と男女平等の実現を図るための法律の制定

　DV防止法（配偶者からの暴力の防止及び被害者の保護等に関する法律）は、配偶者からの暴力にかかわる相談援助や被害者の保護に関する施策を整備するための法律です。配偶者からの暴力、すなわちドメスティック・バイオレンス（DV）は、暴力という行為に基づく重大な人権侵害にあたります。DV被害者の多くが女性です。女性に対する暴力は、性差別に基づく一形態であり、女性の尊厳を奪い、被害者の心身ともに深刻な影響を及ぼします。

　日本は、1993年に国連で採択された「女性に対する暴力の撤廃に関する宣言」や世界女性会議の開催など、女性に対する暴力の根絶に関する国際的な動きを受けて、2001（平成13）年にDV防止法の制定に至りました。それまで、「法は家庭に入らず」という考え方のもと、DV問題は長らく「夫婦げんか」として見過ごされていました。DV防止法の成立は、配偶者に対する暴力が犯罪であることを明文化することによって、人権の擁護や男女平等の実現に大きな意義を与えています。

■ 配偶者暴力相談支援センターと保護命令

　DV防止法に基づく対応は、主に「配偶者暴力相談支援センター」と「保護命令」の2つから成り立っています。**配偶者暴力相談支援センター**は、DVに関する相談、被害者の安全確保や自立支援などの役割を果たす機関です。**保護命令**は、被害者が裁判所に申し立てることで、**加害者に一定の行為を禁止する**ことができます。保護命令制度には、大きく「退去命令」と「接近禁止命令」の2種類が含まれています。

第1章　人権がまもられるということ

第2章　当事者の意思を尊重するために

第3章　成年後見制度を理解する

第4章　そのほかの人権にかかわる法制度・しくみ

第5章　人権にまつわる現代日本の福祉的課題

第6章　人を支援する際の大切なキーワード

第7章　人権に関連する機関

保護命令とその種類

定義

配偶者	男性、女性を問わない。事実婚や元配偶者（離婚前に暴力を受け、離婚後も引き続き暴力を受ける場合）も含まれる。生活の本拠を共にする交際相手、元生活の本拠を共にする交際相手も対象
保護命令	被害者からの申し立てに基づき、裁判所が、つきまとう、住居や勤務先などの付近をはいかいするといった一定の行為を禁止することを命令できる

保護命令の種類

① **被害者への接近禁止命令**
　　配偶者または生活の本拠を共にする交際相手に対し、被害者につきまとったり、住居、勤務先など被害者が通常いる場所の近くをはいかいしたりすることを禁止する（期間：1年間（2023（令和5）年の改正により6か月間から1年間に））

② **被害者への電話等禁止命令**
　　配偶者または生活の本拠を共にする交際相手に対し、①の有効期間内、面会の要求や無言・夜間の電話等法律の定める行為を禁止する

③ **被害者と同居する子への接近禁止命令及び電話等禁止命令**
　　配偶者または生活の本拠を共にする交際相手に対し、①の有効期間内、被害者と同居している子につきまとったり、住居、学校などその子が通常いる場所の近くをはいかいしたりすること及び電話等を禁止する（子への電話等禁止命令は2023（令和5）年の改正により創設）

④ **被害者の親族等への接近禁止命令**
　　配偶者または生活の本拠を共にする交際相手に対し、①の有効期間内、被害者の親族等につきまとったり、住居、勤務先などその親族等が通常いる場所の近くをはいかいしたりすることを禁止する

⑤ **被害者と共に生活の本拠としている住居からの退去命令**
　　配偶者または生活の本拠を共にする交際相手に対し、2か月間、被害者と共に生活の本拠としている住居からの退去及び住居の付近のはいかいの禁止を命ずる。住居の所有者または賃借人が被害者のみである場合、申し立てにより6か月に（2023（令和5）年の改正により創設）

DV防止法は、配偶者からの暴力にかかる通報、相談、保護、自立支援等の体制を整備し、配偶者からの暴力の防止及び被害者の保護を図るため、議員立法により成立した法律です。

05 障害者雇用促進法

障害者雇用率

　45.5人以上の従業員が働いている事業所は、一定割合以上の障害者を雇用する義務があります。その割合を「法定雇用率」（**障害者雇用率**）といい、2022（令和4）年時点で、**民間企業は2.2％以上、国と地方公共団体は2.5％以上、都道府県等の教育委員会は2.4％と定められています。**

　このようなルールは、**障害者雇用促進法**（障害者の雇用の促進等に関する法律）で定められています。障害者が安定した職業に就くことを通し、自立した生活を送ることができるよう支援するための法律です。

　事業主は、法律に定められた雇用人数だけを満たせばよいというわけではありません。雇用された事業所で障害者が活躍するには、環境を整備し、周囲の従業員と助け合うことが大切です。本人と職種のマッチングも重要になります。そのため、障害者雇用促進法では、事業主に合理的配慮の提供が義務づけられています。

　また、地域障害者職業センターやハローワーク（公共職業安定所）、障害者就業・生活支援センターでは、事業主や障害のある従業員に対する支援が実施されています。

障害者雇用のポイント

　障害者が活躍している事業所の人に話を聞いてみると、障害者のための環境整備が、他の従業員にとっても働きやすい環境づくりにつながっていることがわかります。

　障害者だから特別な配慮が必要と考えるのではなく、誰もが働きやすい職場をつくるという発想で進めると、案外うまくいくのかもしれません。

2023（令和5）年度以後の民間企業における障害者雇用率

| 2023（令和5）年
1月 | 2023（令和5）年
4月 | 2024（令和6）年
4月 | 2025（令和7）年
4月 | 2026（令和8）年
4月 | 2027（令和9）年
4月 | 2028（令和10）年
4月〜 |

分科会で
諮問

政省令
の公布

分科会で
議論

政省令
の公布

2.7%

2.3%　　　　2.5%

2028（令和10）
年度から
の雇用率

除外率の引下げ

・国及び地方公共団体等については、3.0%（教育委員会は2.9%）とする。段階的な引上げにかかる対応は民間事業主と同様

2023（令和5）年度からの障害者雇用率は、2.7%。ただし、雇入れにかかる計画的な対応が可能となるよう、2023（令和5）年度においては2.3%で据え置き、2024（令和6）年度から2.5%、2026（令和8）年度から2.7%と段階的に引き上げられます。

第1章　人権がまもられるということ

第2章　当事者の意思を尊重するために

第3章　成年後見制度を理解する

第4章　そのほかの人権にかかわる法制度・しくみ

第5章　人権にまつわる現代日本の福祉的課題

第6章　人を支援する際の大切なキーワード

第7章　人権に関連する機関

06

個人情報の保護

個人情報保護法とは

　福祉現場は個人情報にあふれています。氏名、生年月日、連絡先や職業等の基本情報はもちろん、生育歴や病歴、障害の程度のほか、どのようなサービスを受給してきたか、あるいは、受給しているかなど、多くの情報が記録として残されています。事業者には、**個人情報保護法**（個人情報の保護に関する法律）に基づく個人情報の適正な取り扱いが特に強く求められるといえます。

情報は利用者のものという考え方

　個人情報保護法では、**個人データの開示、訂正等、利用停止等が利用者の権利であることを明確にしています**。また、情報の提供は、あくまでも利用者の同意に基づいて行われなければなりません。

　業務上知り得た秘密は漏らしてはならないという福祉サービス従事者の守秘義務に「利用者の同意」という概念が加わり、単に情報を守るというだけではなく、プライバシーを尊重する姿勢が求められています。利用者の同意を得ることは、利用者の人権を守ることにつながるのです。

記録の開示

　福祉サービスにおける記録の開示請求が増えています。第三者にかかわる部分は黒く塗りつぶすなどみえないようにしたうえで、本人の請求に応じる必要があります。そもそも、開示を前提として記録をしているわけではありませんが、開示に堪えるだけの記録になっているかどうか点検も必要です。

個人情報って何だろう

○「個人情報」とは、生存する個人に関する情報で、特定の個人を識別できる情報をいいます。

一般的なイメージでは

氏名／生年月日／住所／電話番号

そのほかにも

身体的なデータ
顔認証データ、指紋認証データ、虹彩、声紋、歩行の態様、手指の静脈、掌紋

顔認証データ

指紋認証データ

サービス利用や書類において利用者ごとに割り振られる符号
マイナンバー、運転免許証番号、パスポート番号、基礎年金番号など

このほか、メールアドレスについてもユーザー名やドメイン名から特定の個人を識別することができる場合は個人情報に該当します。

第1章 人権がまもられるということ

第2章 当事者の意思を尊重するために

第3章 成年後見制度を理解する

第4章 そのほかの人権にかかわる法制度・しくみ

第5章 人権にまつわる現代日本の福祉的課題

第6章 人を支援する際の大切なキーワード

第7章 人権に関連する機関

07

消費者保護にかかわる法制度

　身に覚えのない商品が届いた、高額な費用を請求されたといった消費者トラブルについては、その契約トラブルから消費者を保護するため、消費者保護にかかわる法律が定められています。ここでは、消費者契約法と特定商取引法の概要を解説します。

消費者契約法

　消費者契約法は、不当な契約の取り消しや不当な条件の無効といった手続きについて定めています。**消費者と事業者との間で交わされるあらゆる契約が対象です。**

　事業者が契約に関する大事な点を説明せず、嘘をついて勧誘した場合、その契約は後から取り消すことができます。また、好意を寄せていることを利用したり、判断力が低下していることに付け込んだり、不安をあおったりして締結した契約も取り消しが可能です。加えて、後から契約を解除することができない、あるいは高額なキャンセル料を設定する条件を無効にすることもできます。

　事業者には、契約にあたって分かりやすい説明をすること、消費者の知識・経験を考慮して必要な情報を提供することが求められています。

特定商取引法

　特定商取引法は、訪問販売、通信販売、電話勧誘販売、紹介制の販売取引といった取引において**事業者が守るべきルールや、消費者を守る手続きについて定めています。**

　例えば、契約した後、一定の期間内であれば無条件で契約を解約することができる、クーリング・オフというしくみがあります。また、取り消しや無効についても、消費者契約法と同様のルールが定められています。

消費者契約法と特定商取引法

取り消し	不利益な事実を隠す、不安をあおる、就職セミナー、デート商法、霊感商法等の不当な勧誘による契約、必要以上の分量の契約、を後から取り消す
無効	不当な契約条項（賠償責任がない、キャンセルできない、解約料を求める等）を無効にする 成年後見制度の開始のみを理由とする契約解除も無効となります

訪問販売	消費者の自宅を事業者が訪問して商品を販売する場合
通信販売	テレビやインターネットの広告を見て申し込む場合
電話勧誘販売	事業者が消費者に電話をして商品を販売する場合
連鎖販売取引	他の人を勧誘すると収入が得られるとして商品を買わせる場合
業務提携勧誘 販売取引	仕事を紹介することを口実に、そのための用品を買わせる場合
特定継続的 役務提供	エステや塾など、長期・高額の契約を締結する場合
訪問購入	消費者の自宅を訪問して、消費者の物品を事業者が買い取る場合

事業者に求められる対応
・適切な勧誘（一度断られたら勧誘しない、消費者の支払い能力の範囲で契約する）
・法定事項が記載された書面を交付する
・クーリング・オフに対応する
・8日間は品物を消費者の手元においておけることを説明する

第1章 人権がまもられるということ

第2章 当事者の意思を尊重するために

第3章 成年後見制度を理解する

第4章 そのほかの人権にかかわる法制度・しくみ

第5章 人権にまつわる現代日本の福祉的課題

第6章 人を支援する際の大切なキーワード

第7章 人権に関連する機関

08

特殊詐欺による
被害の防止

▎特殊詐欺とは

　特殊詐欺とは、被害者に電話をかけるなどして信頼させ、不特定多数の者から現金等をだまし取る犯罪の総称です。親族を装って電話をかけ、困難な状況に陥っていることを理由に金銭をだまし取る「オレオレ詐欺」や、銀行員や警官等を装い、口座が不正利用されていることを理由にキャッシュカードやクレジットカードをだまし取る「預貯金詐欺」、未払い料金があるなど架空の事実で金銭をだまし取る「架空料金請求詐欺」などがあげられます。

▎取られている対策

　特殊詐欺は手口や動機が多様で、対策が難しい現状があります。このため、2019（令和元）年に「オレオレ詐欺等対策プラン」が策定され、特殊詐欺の防止に向けた総合対策を進めることになりました。みなさんも街で、特殊詐欺について注意を促すポスターを見かけたことがあると思います。また、現金の振込みや受渡しに利用される金融機関、郵便、宅配事業者、コンビニエンスストアといった民間事業者における声かけなどのほか、通話内容を自動録音したり、特定の番号の着信を拒否したりする機能を備えた「優良迷惑電話防止機器」の導入を支援するといった取り組みが行われています。

▎「おかしいな？」と思ったとき

　最も効果的な対策は、ふだんのコミュニケーションです。少しでも不審に感じたときには、本人の話を聞いてみてください。また、警察相談専用窓口「＃9110」や、消費者ホットライン「188」に相談することもできます。

第 1 章 人権がまもられるということ

第 2 章 当事者の意思を尊重するために

第 3 章 成年後見制度を理解する

第 4 章 そのほかの人権にかかわる法制度・しくみ

第 5 章 人権にまつわる現代日本の福祉的課題

第 6 章 人を支援する際の大切なキーワード

第 7 章 人権に関連する機関

心配な場合の対応

優良迷惑電話防止機器の導入

機器の貸し出しを行っている自治体や詐欺対策サービスを高齢者世帯に無償で提供している事業者もあります。

何か気になることがあった場合に連絡をもらえるよう、連携体制を整える

- 定期的に訪問する民間事業者・介護サービス事業者等の把握
  - ✓ 新聞や配食サービス、宅配業者など定期的な訪問を行う事業者
  - ✓ 他の介護事業者やケアマネジャー
  - ✓ 地域包括支援センター、高齢者見守り相談窓口、消費者生活センター
  - ✓ 民生委員

気づきのポイント

- 近隣の事業所のものではない業者の車が止まっている
- 従来の生活水準と異なる高額商品がある
- 見たことのない人が出入りしている

- 被害が疑われる場合は、消費者ホットライン「188」に相談して、対応する
- 消費者生活センターは、本人だけでなく、高齢者の家族や訪問介護員などからの相談にも対応している

09

福祉サービスにおける
苦情解決のしくみ

苦情解決のしくみがつくられた理由

　社会福祉法では、「社会福祉事業の経営者は、常に、その提供する福祉サービスについて、利用者等からの苦情の適切な解決に努めなければならない」とされています（社会福祉法第82条）。苦情解決に関するしくみは、社会福祉サービスが利用者との契約に基づいて提供される時代を迎えたことで、福祉サービスに対する利用者の満足感を高める、虐待を防止して利用者の権利を擁護する、利用者が福祉サービスを適切に利用できるよう支援することを目的としてつくられました。

福祉サービスにおける苦情とはなんだろう？

　福祉サービスにおける苦情とは何かと考えてみると、要望や要求、時には差別や虐待にあたるものまで、実にさまざまなものが含まれていることがわかります。事業者は苦情を「やっかいごと」として捉えがちですが、そこには**事業者が把握できなかった重要なニーズやリスクマネジメントにつながるようなヒントがたくさん含まれています**。苦情に真摯に取り組むことで、サービスの質を向上させていくことができるのです。

事業所の自主的な取り組み

　苦情解決は、そのしくみをつくって、事業所内に掲示することで終わるわけではありません。また、苦情がないことがよいことという発想で、苦情を申し出ているのに苦情としてとり上げないというようなことが起こっては元も子もありません。ふだんから、**ヒヤリとしたりハッとしたりした事例の自主的な収集と検討、苦情の申し出がしやすい環境づくりが求められます**。

苦情解決　図

第1章　人権がまもられるということ

第2章　当事者の意思を尊重するために

第3章　成年後見制度を理解する

第4章　そのほかの人権にかかわる法制度・しくみ

第5章　人権にまつわる現代日本の福祉的課題

第6章　人を支援する際の大切なキーワード

第7章　人権に関連する機関

福祉サービス事業所における苦情解決のしくみ

利用者や家族の抱いている苦情

苦情の
申し出

申し出の確認
経過の記録

日常的な状況の
把握が必要
例えば、
活動への参加、
定期的な相談会の
開催など

苦情受付担当者

苦情の
申し出

改善に関する
約束事項の報告

報　告

苦情の
申し出

受け付けたこと
の報告
助言

まずは話し合いによる解決・改善

第三者委員

苦情解決の体制に
関する周知を
促進する役割

話し合いへの
立ち会い
助言・調整
解決策の提案

立ち会いの要請
取り組み状況・
改善に関する
約束事項の報告

苦情解決責任者

10

福祉サービスにおける身体拘束廃止に向けて

身体拘束とは

　ベッドに縛りつける、手指の機能を制限するためにミトン型の手袋をつける、行動を制限するためにつなぎ服を着せるといった行為は、身体的虐待にあたります。

　このほか、医師の判断によらない向精神薬を過剰に服用させる、職員が自分の身体で利用者を押さえつける、自分の意思では開けることができないように部屋を施錠するといった行為も同様です。

　しかし、実際には、高齢者の場合でも障害者の場合でも、本人の安全を確保するために行動を制限しなければならない場面もあります。その際には、いくつかの要件を満たし、必要な手続きを踏んだ際には、例外的に身体拘束や行動制限が認められる場合があります。

身体拘束は必要か？

　定められたプロセスをふんだからといって漫然と身体拘束が認められるわけではありません。**身体拘束は、非常に重たい人権侵害行為です。**できる限りその時間や頻度を減らし、必要ない場合には速やかに解除する必要があります。それには**定期的に支援を見直し、「本当に身体拘束は必要なのか？」を常に問い続けることが必要です。**

　なお、身体拘束は、職員個人の判断で行うものではありません。組織による判断と決定のもとに行われなければなりません。要件を満たしていない、手続きを踏んでいない、記録をつけていないといった場合は事業所に減算等のペナルティが課せられる場合もあります。組織全体で意識することが非常に大切です。

「緊急やむを得ない場合」の3つの要件

次の要件のすべて満たすことが必要

① 切迫性（利用者本人または他の利用者等の生命、身体、権利が危険にさらされる可能性が高い）

② 非代替性（身体拘束・行動制限をする以外に方法がない）

③ 一時性（身体拘束・行動制限が一時的）

このほか、本人や家族に対して説明しその同意を得たうえで、その態様及び時間、その際の入所者（利用者）の心身の状況、緊急やむを得ない理由を記録しておく必要がある

つなぎ服を着せたり
ミトン型手袋を
つけたりする

降りられないように、
ベッドをさくで囲む

介護施設等
では
原則禁止

ベルトで車いすに
固定する

手足や腰を
ベッドに縛りつける

悪影響は？
身体機能の低下
認知症の悪化
本人、家族の精神的苦痛
生きる意欲の低下　など

鍵のかかる部屋に隔離する。
過剰に向精神薬を服用させる

定期的に支援を見直し、「本当に身体拘束は必要なのか？」と常に問い続けることが必要です。

第1章　人権がまもられるということ

第2章　当事者の意思を尊重するために

第3章　成年後見制度を理解する

第4章　そのほかの人権にかかわる法制度・しくみ

第5章　人権にまつわる現代日本の福祉的課題

第6章　人を支援する際の大切なキーワード

第7章　人権に関連する機関

11

家族に虐待を受けている障害者

通報をきっかけに、孤立していた本人、家族に寄り添う支援ネットワークが構築された事例

■ 生活介護事業所を利用しはじめたBさん

Ａ生活介護事業所にＢさん（55歳・女性）が新たに通いはじめることになりました。Ｂさんは、自宅近くのコンビニエンスストアでおにぎりを万引きしたと警察に通報されました。同じ店で何回か同じようなことを繰り返していて、話を聞こうとしても要領を得ず、奇声をあげることから精神疾患が疑われ、保健所に相談があったのだそうです。Ｂさんは母親と弟の3人暮らしで、弟によれば20歳前後で統合失調症を発症して、精神科に通院をしているということでした。かなり前に、下請け仕事をしている事業所の利用をしたこともあったようですが、今はどこに通所することもなく、通院の際は年老いた母親が同伴しているそうです。日中過ごす場所もなく、近隣をふらふらしている状態で万引きを繰り返すことになっていることから、保健師の紹介で自宅近くのＡ生活介護事業所に通うことになりました。

■ お金がない！

続くかどうかと心配していた周囲の予想を裏切り、Ｂさんは毎日通ってきました。少しずつ職員やほかの利用者とも親しくなり、アイドルになりたかったことや本を読むのが好きなことなどを話してくれるようになりました。何よりも周りが驚いたのは、自己負担なく提供されている昼食を食べるスピードが速いことでした。自宅ではご飯があるときとないときがあると話していました。

桜の時期になり、みんなで近所の公園に散歩に出かけることがありました。途中でのどが渇いたというため、所持金を確認すると何ももっていませんでした。その日だけのことかと思ったら、常にお金はもっていないということです。保健師の話だと、障害年金を受給していて、弟が管理しているということでした。

▶ 事件発生！

利用が始まって3か月くらい経過したある日、近所のコンビニエンスストアから、店にきてくれと連絡がありました。あわてて駆けつけてみると、Bさんがジュースを、代金を払わずにもっていこうとしたというのです。これまでも何回か黙って商品をもっていこうとするので、その都度注意して帰していたそうなのですが、大声をあげたり叫んだりしてしまったことから事業所と話をしておこうと思ったそうです。今度同じことをしたら警察を呼ぶといわれました。

Bさんに事情を聞いてみると、「弟がお金をくれない」「お金のことを言うと怒鳴られる」と泣き叫ぶのです。

夏になり、熱中症になってもいけないので弟に連絡して何度も飲み物を買うお金をもたせてほしいと頼みましたが、「お金をもたせるとろくなことにならない」「水をいれたペットボトルをもたせますから」と応じてもらえません。Bさんは、自宅から炎天下、30分近くかけて歩いて事業所に通ってきます。ある日途中で倒れ、救急車で搬送されてしまいました。

▶ 虐待通報

病院では点滴を受けてその日のうちに帰宅できましたが、その後も弟の態度は変わらないままでした。事業所では相談支援専門員、保健師とも話し合いを行い、このままだと命にかかわる可能性もあると判断し、虐待として通報することとなりました。

その後、Bさんの自宅に行政職員が事実確認に行きました。それまで弟は自宅への訪問を強く拒否していましたが、今回はそういうわけにもいかなかったようでした。訪問した賃貸アパートはゴミ屋敷状態で、母親は認知症が疑われる様子でした。弟も1日数時間の清掃の仕事には就いているようですが、生活は母親の老齢年金とBさんの障害年金で何とか成り立っているような状態だそうです。弟から話を聞こうとしてもそれす

ら拒絶するような状態で、弟にも何らかの病気か障害があることが疑われるということでした。そのような状態で同居を続けさせることは難しいという判断で、Bさんは緊急のショートステイを利用することになりました。

▶ 担当保健師のかかわり

Bさんの入所後、地区担当の保健師のかかわりが始まりました。母親は軽度の認知症で話ができるときもあったので、母親の話からわかってきたのは、母親がしっかりしていたときは母親が財布を握っていたが、記憶がおぼつかなくなり、弟が金銭管理を始めてからは、渡せば渡しただけ使ってしまうBさんに腹を立てて、お金を渡さなくなったようでした。

Bさんも母親のいうことは聞くものの、弟には反抗するところがあり、けんかが絶えなかったようです。Bさんの服薬の管理を母親ができなくなったことと、Bさんが万引きしたり、大声をあげたりするようになったことも無関係ではないかもしれないとのことでした。

▶ Bさんと家族のそれから

Bさんはショートステイで食事と服薬の管理がしっかりとできるようになったことで、以前よりも血色がよくなり、コミュニケーションもとれるようになってきました。弟も意外とすんなり年金を手放してくれ、Bさんは、近くのグループホームに入所が決まりました。入所した後も1駅電車に乗って、事業所にも通い続けています。

Bさんの母親は要介護認定を受け、ホームヘルパーが週2回、自宅を訪問してくれることになりました。

自分を助けてくれる人たちを前に母親は、「ありがたい」と何度も涙を流したそうです。そうして、少しずつ自宅も片づきはじめ、弟も母親の支援者とコミュニケーションをとれるようになってきました。

それまで家族の要だった母親が認知症になったことで、弟がその代わりを引き受けざるを得なくなり、混乱したままBさんにもつらくあたってしまっていたことを今は認めてくれているようです。弟の収入を確認しながら、生活保護の申請も考えています。支援が必要だったのはBさんだけでなく、母親も弟も、どうしてよいかわからない状

態のなかで、地域で孤立し、助けを求めていたのだろうと思います。

　Bさんは母親と弟に会いたいともいっており、行政と関係機関で連携しながら、家族のかかわりについても検討していく予定です。

第1章　人権がまもられるということ

第2章　当事者の意思を尊重するために

第3章　成年後見制度を理解する

第4章　そのほかの人権にかかわる法制度・しくみ

第5章　人権にまつわる現代日本の福祉的課題

第6章　人を支援する際の大切なキーワード

第7章　人権に関連する機関

12

福祉サービス事業所への苦情申し立て

サービス利用者からの苦情解決に取り組むなかで、事業所の課題に気づかされ、サービスの質の向上に取り組むことになった事例

■ 第三者委員への苦情申し立て

　大学教員であるAさんはB社会福祉法人の第三者委員を引き受けています。ある日利用者のCさんから電話がありました。

　C：もしもし……。あのー、Aさんはいらっしゃいますか？

　A：はい、私ですが……。

　C：あっ……、す、すいません。僕、B法人の利用者でCといいます。貼り紙をみて電話してるんですが……。

　A：苦情か何かですか？

　C：はっ、はい。実は、最近相談していても、本当に僕の話をきちんと聞いてくれているのかどうかがわからなくて……。僕が前からいっているのは、事業所の活動の段取りとか、見学の人がくるとか、事前にわかっていることは、自分たち利用者にも教えてほしいということなんです。

　A：Cさんは以前からそのことは職員に伝えているけれど、なかなかそうはならないということなんでしょうか？

C：そうなんです。忙しいのはわかるんですが、Ｂ法人は僕の働く場だし、僕にとっては、とても大事な場所なんです。でも、職員だけがわかっていることが多くて、僕たち利用者は蚊帳の外っていう感じに思えてしまうんです。

▶ 苦情をどう取り扱うのか

Ａさんはその日、聞き取った具体的な内容を記録し、苦情解決責任者であるＤ施設長に報告を行いました。

D：先生、お話はよくわかりました。ご連絡ありがとうございます。また、お忙しいなかご迷惑をおかけして申し訳ありません。
A：それは気になさる必要はありません。Ｃさんがおっしゃった内容は事実なのでしょうか？
D：はい、同じような話は何度も職員に対していってきています。まさか、第三者委員の先生にまで電話するとは考えていませんでした。
A：Ｃさんは苦情としてとり上げてもらい、話し合いの場をもって、施設側に対応を改めてもらいたいと希望されていますが……。
D：そうなんですね……、いつものこととはいえ、Ｃさんがね……。内容はたいしたことでもないので、わざわざ「苦情」として取り扱わなくても「相談」ということでよいんじゃないでしょうかね……。
A：苦情ではなく、相談として対応したいということでしょうか？　では、それをＣさんに伝えて了解をいただかなくてはなりません。相談なら、これまでも何回もしてきたといわれるのではないかと思いますし、余計にＣさんのお気持ちを逆なでることにならないでしょうか？
D：……はい、そうですね。

苦情を申し出たCさんと苦情解決責任者Dさん、第三者委員のAさんの話し合い

第三者委員のAさんに押し切られるような感じで、3者で話し合いがもたれました。

A：それでは、改めましてCさんからDさんに対して申し出の内容をお話しいた
だけないでしょうか？

C：あっ、はい。よろしくお願いします。いつも職員にはお伝えしていることなので、
Dさんもご存知だと思いますが、僕は事業所の活動内容や予定なんかを僕たち利
用者と共有してもらいたいと思うんです。僕は長く通っているのですが、数年前
まではもう少しいろんなことを一緒に話し合って考えてくれていました。職員が
忙しくしているのは、みていてわかります。だから、僕が職員にいろいろという
ことを面倒だなと思っているのだろうと思いますが、ホームページには「事業者
の論理を優先させることなく、利用者の視点できめ細やかなサービスを提供いた
します」と書いてあります。もう少し、僕たちのほうをみて、声に耳を傾けても
らえないでしょうか。

D：……。

A：Dさん、いかがでしょうか。

D：……はい。Cさんの話を聞いていて、私も自分が施設長になる前のことを思い
出していました。おっしゃるように、職員も利用者さんももっと、気軽に話がで
きていましたね。

C：はい。僕たちだって納期が間に合わない仕事を職員が残業して仕上げているこ
ととか、職員が疲れていることはある程度はわかっています。そうして工賃を上
げることが、僕たちや事業所の収入に影響することも、長く利用している人たち
は、なんとなくわかっていると思います。でも、相談をもちかけたときに、「後
でもいいですか」といわれて待っていても、そう伝えたことを職員が忘れてしま
うことが何回も続くと、自分たちが大事にされていないような気持ちになってし
まうんです。

D：……。Cさんが話されたことは、本当にそのとおりです。今の事業は、皆さん
の工賃が上がることによって、施設に対する給付も多くなるしくみになっていま

第1章 人権がまもられるということ

第2章 当事者の意思を尊重するために

第3章 成年後見制度を理解する

第4章 そのほかの人権にかかわる法制度としくみ

第5章 人権にまつわる現代日本の福祉的課題

第6章 人を支援する際の大切なキーワード

第7章 人権に関連する機関

す。だから、私が施設長になった2年前から、少しでも多く工賃を渡したい、職員の給料も上げてあげたいと作業を増やしてきたんです。

C：そういうDさんの立場や気持ちはわかりますが、僕たちの気持ちももう少しわかってほしいと思うんです。僕はこうして職員に話ができますが、忙しそうだからって、遠慮している利用者も多いと思います。

▶ 苦情解決責任者Dさんの気づき

Cさんの話を聞いて、Dさんは多くのことに気づかされました。まずは、自分が施設長になったことで、その責任を抱え込んで、工賃向上、障害福祉サービスの給付の向上にこだわりすぎていたことに気づきました。作業効率を求めるあまり、職員や利用者が楽しんで、やりがいをもって作業ができているかどうかという視点を無意識のうちに置き去りにしてしまっていたのです。Cさんからの「苦情」と聞いて、正直なところ、ただでさえ忙しいのに面倒だなと感じてしまいましたし、他の事業の管理者に自分の事業所で「苦情申し立てがあった」と報告すると、こんなにみんなのために頑張っているのに落ち度があったように評価されるのではないかという不安もありました。

しかし、Aさんに「苦情がないことがいいことではない」といわれました。Cさんにいわれたことのうち、すぐに取り組めることもあれば、時間がかかることもありますが、そうした職員側の状況も利用者に伝えながら、苦情を活かして、サービスの質の向上に努めていけたらと思っています。

第 5 章

人権にまつわる現代日本の福祉的課題

01

支援者主導から
当事者中心の支援へ

▶ 社会福祉基礎構造改革

2000年代初頭に、「施設から地域へ」「措置から契約へ」という考え方のもと、社会福祉基礎構造改革という社会福祉制度をめぐる大きな改革がありました。

社会福祉基礎構造改革は、**福祉サービスを利用するしくみとして契約制度を導入したことが最大の特徴です**。これにより、当事者自らが利用する福祉サービスを選ぶことができるようになりました。例えば、福祉事務所と地域包括支援センターでは、支援内容を決定するプロセスが異なります。前者は法的根拠を重視しますが、後者は本人の希望をより重視します。社会福祉基礎構造改革は、支援者主導から当事者中心の支援への転換をもたらしたのです。

▶ 浮かび上がった意思決定支援の問題

成年後見制度は、社会福祉基礎構造改革の一つとして2000（平成12）年に介護保険法と同時に施行され、二つの制度は「車の両輪」といわれました。福祉サービスの選択に障壁がある場合、これをサポートしなければならないからです。

ですが、いざ成年後見制度の運用を開始してみると、さまざまな課題があることが明らかになりました。例えば、意思能力の状態を判定する基準がないこと、意思決定を支援するための方法論が確立されていないこと、後見人等に対する監督機能が不十分であることなどです。また、自分の生活を自らコントロールする機会を得られずにきた人の場合、選択するという行為に対するエンパワメントも必要です。

社会福祉基礎構造改革がもたらした「支援者主導から当事者中心の支援」という目標は、とても奥が深く、いまだ達成されていません。

社会福祉基礎構造改革の具体的な改革の方向

① 個人の自立を基本とし、その選択を尊重した制度の確立…………措置から契約へ
② 質の高い福祉サービスの拡充…………福祉の市場化による民間サービスの活用
③ 地域での生活を総合的に支援するための地域福祉の充実…………施設から地域へ

○措置制度から利用契約制度へ

措置制度	利用契約制度
受給時の必要に応じて行政が処分によりサービス内容を決定する	事前に拠出した者が、その拠出に対応したサービスを契約して利用する

社会福祉基礎構造改革が積み残している課題

- 契約方式に代わり自己決定を保障するだけでは解決しない問題
- 福祉サービスの総量を増やすことを目的とした、福祉の市場化がもたらす副作用
- 個別に対応を調整したところで埋められない、集団間の格差

社会福祉基礎構造改革によって、地域福祉権利擁護制度（現：日常生活自立支援事業（46ページ））の創設や苦情解決のしくみ（88ページ）の導入につながりました。

第1章　人権がまもられるということ
第2章　当事者の意思を尊重するために
第3章　成年後見制度を理解する
第4章　そのほかの人権にかかわる法制度としくみ
第5章　人権にまつわる現代日本の福祉的課題
第6章　人を支援する際の大切なキーワード
第7章　人権に関連する機関

02

成年後見制度の見直し

成年後見制度の課題

　法定後見三類型（後見・保佐・補助）のうち、成年後見人には、日用品の購入その他日常生活に関する行為や、医療同意、身分行為（婚姻届・離婚届の提出や子の認知等）などを除き、ほぼすべてに代理権が認められています。保佐についても、民法第13条第1項に規定する9項目の同意・取消権が自動的に保佐人へ付与されます。このような画一的な成年後見制度のあり方は、日本が批准した障害者権利条約履行の観点からも厳しく批判されています。

見直しの方向性

　精神障害は変化する障害といわれます。状態がよかったり悪かったりといった波があることから、一人ひとりに合ったオーダーメードで同意権・取消権や代理権がきめ細かく設定でき、なおかつ定期的な見直しが柔軟にできるしくみづくりが必要です。精神障害のある人にとって利用しやすい成年後見制度であれば、全体としても利用を検討する機会が増えるのではないでしょうか。

　医学的診断を拠り所とした権利制限から、生活に支障のある部分を限定的に、必要な期間だけ制限するしくみづくりが求められます。

　制度の利用を終了するしくみも検討する必要があります。相続や福祉サービスの利用といった、成年後見制度を申し立てた目的が達成され、財産管理や生活の見守り、意思決定支援の体制、権利侵害に対する監督体制等が整備されるなら、必ずしも成年後見制度の利用を続ける必要はないのかもしれません。終わりのある成年後見制度は法務省でも検討が進んでいるようで期待したいところです。

成年後見制度の課題

家庭裁判所

成年後見制度申立て

⬇

家庭裁判所

成年後見制度の見直し

⬇

後見	保佐	補助
成年後見制度で可能な代理権は自動的に付与される	民法第13条第1項の規定に基づき自動的に同意・取消権が付与され、代理権は本人の意向によって付与される	代理権は本人の意向によって付与される

意思決定支援・推定意思でも本人の意向確認が困難なときは

- 三類型への当てはめではなく、オーダーメードの権限を設定
- 医学的診断による権利制限から、生活上支障のある部分を限定的に必要な期間だけ制限
- 長期利用の場合は定期的審査を実施する

⬇　⬇

終了の要件

- 成年被後見人の死亡
- 成年被後見人の判断能力が回復して成年後見人の保護を必要としなくなる

- 意思決定支援と権利侵害に対する監督体制等の整備を前提とした生活支援体制で可能になれば成年後見制度は終了とする

第1章 人権がまもられるということ／第2章 当事者の意思を尊重するために／第3章 成年後見制度を理解する／第4章 そのほかの人権にかかわる法制度・しくみ／第5章 人権にまつわる現代日本の福祉的課題／第6章 人を支援する際の大切なキーワード／第7章 人権に関連する機関

03

インクルーシブ教育の実現は……

　日本が2014（平成26）年に締結した障害者権利条約第24条には、**インクルーシブ教育**が目標として示され、締約国が取り組むべき事項が記されています。同条が示す方式で**障害者の教育の機会均等が確保されること**を、**インクルーシブ教育**といいます。

　日本では長らく、障害者に対し特別な学校で特別な教育を実施してきました。2012（平成24）年7月に、中央教育審議会初等中等教育分科会がとりまとめた「共生社会の形成に向けたインクルーシブ教育システム構築のための特別支援教育の推進（報告）」には、「インクルーシブ教育システム」を構築するために、①同じ場で共に学ぶことの追求、②個別の教育的ニーズに応える指導を提供、③通常学級、通級指導、特別支援学級、特別支援学校といった、多様な学びの場を用意することが示されています。

インクルーシブ教育の進捗

　2022（令和4）年8月、日本政府による取り組みに対して、国連の障害者権利委員会による初めての審査が行われました。翌2023（令和5）年9月に公表された総括所見・改善勧告には、厳しい指摘が並びました。

　教育分野では、分離された特別教育が永続している、通常の学校に特別支援学級がある、準備不足を理由に障害のある児童が通常の学校への入学を拒否されている、障害のある生徒に対する合理的配慮の提供が不十分である、といった懸念が表明されるとともに、障害者を包容する質の高い教育（インクルーシブ教育）に関する国家の行動計画の採択などが要請されています。

　こうした状況を改善するには、**障害の社会モデルに基づく、教育の構造改革が必要**になります。

障害者権利条約第24条

1. 教育についての障害者の権利を差別なしに、かつ、機会の均等を基礎として実現するため、障害者を包容するあらゆる段階の教育制度及び生涯学習を確保する。
2. 締約国は、1.の権利の実現に当たり、次のことを確保する。
   a) 障害者が一般的な教育制度から排除されないこと
   b) 障害者が、生活する地域社会において、障害者を包容し、質が高く、かつ、無償の初等中等教育を享受することができること
   c) 合理的配慮が提供されること
   d) 必要な支援を一般的な教育制度の下で受けること
   e) 学問的及び社会的な発達を最大にする環境において、個別化された支援措置がとられること

同じ場で共に学ぶことが大前提
でも、学力をつけることを放棄しない

そのために

事前的環境整備を進め
（環境のバリアフリー化やユニバーサルデザインの推進）
＋
合理的配慮を提供し（個々の障害に応じた調整）

教育の機会均等を
確保する

第1章 人権がまもられるということ
第2章 当事者の意思を尊重するために
第3章 成年後見制度を理解する
第4章 そのほかの人権にかかわる法制度・しくみ
第5章 人権にまつわる現代日本の福祉的課題
第6章 人を支援する際の大切なキーワード
第7章 人権に関連する機関

04
精神科への強制的な
入院のしくみ

精神科医療の入院のしくみ

　精神科への入院は他の診療科への入院とは手続きが異なっています。精神科以外への入院は本人（未成年の場合は保護者）が入院治療の必要性を理解したうえで行われますが、精神科では、本人に入院の意思がない入院が行われているのです。そうした手続きは**精神保健福祉法**（精神保健及び精神障害者福祉に関する法律）に定められています。

　精神疾患で病状が悪化した際、患者本人がそのことを自覚できないことから本人の意思に反した入院が必要となる場合があるのです。しかし、精神科病院の閉鎖病棟への入院は、患者の人権侵害と常に背中合わせだといえます。国際的に、**日本の非自発的入院が多いこと、期間が長いことは以前から問題として指摘**されています。

精神科病院への入院による隔離収容

　日本の精神科病院は国の隔離収容政策によって病床が膨らみ、症状が治まっても退院できず、長期間に及ぶ入院生活を余儀なくされてきた人たちがまだ多く残されています。そうした人たちの地域生活への移行が進められていますが、長期入院者の高齢化、送り出す側の医療機関と受け入れる地域の資源を結びつける難しさなどがあり、十分な効果が上がっているとは言い難い現状があります。

2022（令和4）年精神保健福祉法の改正

　2022（令和4）年の精神保健福祉法の改正により、**医療保護入院の見直しなど、虐待防止の取り組みが盛り込まれました**。いずれも精神科病院に入院している患者の人権を擁護するために機能することが期待されます。

入院形態	任意入院	医療保護入院	措置入院	緊急措置入院	応急入院
精神保健指定医の診察	不要	1名	2名以上	1名	1名
入院要件	本人の同意	家族等の同意、あるいは市町村長の同意	知事の措置	緊急を要するが指定医2名がそろわないなどの理由による知事の措置	精神保健指定医の判断による72時間以内の入院
入院期間	制限なし	制限なし	制限なし	72時間以内	72時間以内
入院形態の選択の要点	医療・保護が必要、本人の同意がある	医療・保護が必要、本人の同意がない	自傷他害のおそれがある	自傷他害のおそれがある	医療・保護が必要、意識障害・昏迷・身元不明など
退院・入院形態の変更	本人の意思による退院（ただし、指定医の診察の結果、医療及び保護のため、入院の継続が必要なときは72時間に限り、退院させないことができる）	医師の診察、判断による退院	指定医の診断、判断による退院。その後、医療保護入院あるいは任意入院として入院継続となる場合もある。	指定医2名以上による措置入院の必要性の判断があれば、措置入院となる。	身元の判明、家族等の同意があるなどより、医療保護入院となる場合や本人の意思確認により、任意入院となる場合がある。

2004（平成16）年に策定された「精神保健医療福祉の改革ビジョン」において示された「入院医療中心から地域生活中心」という基本方針に基づき、地域生活への移行が進められてきました。しかし、いまだ十分な効果が上がっているとは言い難いのが現状です。

第1章 人権がまもられるということ
第2章 当事者の意思を尊重するために
第3章 成年後見制度を理解する
第4章 そのほかの人権にかかわる法制度としくみ
第5章 人権にまつわる現代日本の福祉的課題
第6章 人を支援する際の大切なキーワード
第7章 人権に関連する機関

05

長期入院・施設入所を
している人の地域移行

長期入院・施設入所している人

　日本では、2019（令和元）年6月の時点で精神科病院に約27万人が入院していて、そのうち1年以上の長期入院は認知症を含めて約17万人です。施設入所している障害者は50.7万人です。国連・障害者権利委員会は2022年に日本政府に行った勧告で、長期入院や施設入所を終わらせるための措置をとるよう求めています。障害者の地域生活への移行を促進するための基盤整備をさらに進め、医療・保健・ケアを提供する地域資源を充実させて障害のある人を確実に地域で支えることができるようにする必要があります。

地域移行を進めるためのサービスや体制

　長期入院・施設入所している人の地域移行を支援するにあたり、さまざまなサービスが整えられてきました。

　暮らし方の選択肢も増えてきており、グループホームだけでなく、一人暮らしのほか、家族やパートナーとの同居など、多様で個別性のある暮らしも望めるようになってきました。グループホームには、一人暮らしに向けた支援や退所後の見守り・相談などといった機能が期待されています。

　また、自治体による障害者の地域生活を支える体制づくりも重要です。**「精神障害にも対応した地域包括支援システム」**の構築や地域生活支援拠点等の整備がすすめられています。

　地域生活支援拠点や居住支援の機能を備えた複数の事業所・機関による体制（地域生活支援拠点等）は、障害者の重度化・高齢化や「親亡き後」を見据えた、居住支援のための機能をもつ場所や体制をいいます。

地域移行支援・地域定着支援・自立生活援助［障害者総合支援法］

地域移行支援	障害者支援施設や病院等に入所・入院している障害者を対象に、住居の確保その他の地域生活へ移行するための支援を行う。
地域定着支援	居宅において単身で生活している障害者等を対象に、常時の連絡体制を確保し、緊急時には必要な支援を行う。
自立生活援助	グループホームや障害者支援施設、病院等から退所・退院した障害者等を対象に、定期及び随時訪問、随時対応その他自立した日常生活の実現に必要な支援を行う。

地域生活支援拠点等に求められる居住支援のための機能

① 相談
② 緊急時の受け入れ・対応
③ 体験の機会・場の提供
④ 専門的人材の確保・養成
⑤ 地域の体制づくり

精神障害にも対応した地域包括支援システム

精神障害者が地域の一員として、安心して自分らしい暮らしを送ることができるよう、医療、障害福祉・介護、住まい、社会参加（就労）、地域の助け合い、教育が包括的に確保されたシステム

構成要素	
① 地域精神保健及び障害福祉 ② 精神医療の提供体制 ③ 住まいの確保と居住支援 ④ 社会参加	⑤ 当事者・ピアサポーター ⑥ 精神障害者の家族 ⑦ 人材育成

06

罪を犯した高齢者・障害者への地域定着支援

地域生活定着支援センターとは

　刑務所や少年院などの矯正施設には、福祉的支援を必要とする多くの高齢者や障害者が入所しています。釈放後も必要な福祉サービスにつながることができず、結果的に再び犯罪行為に至ってしまうということから、司法と福祉の連携が重要視されるようになりました。**地域生活定着支援センター**は都道府県に1か所ずつ設置され、高齢または障害により自立した生活を営むことが困難な、矯正施設退所者や刑事司法手続きの入口段階にある被疑者・被告人等に対して、釈放後直ちに福祉サービスを利用し、地域のなかで自立した日常生活、社会生活を送れるようにするための支援を行っています。

地域生活定着支援センターの業務

　地域生活定着支援センターには次の5つの業務があります。

① コーディネート業務
② フォローアップ業務
③ 被疑者等支援業務
④ 相談支援業務
⑤ 普及啓発

　罪に問われた高齢者・障害者のなかには、成育環境や障害特性の影響により、社会のなかで孤立し、生きづらさを抱えた人たちが多くいます。彼らが自立した生活を送れるようになるには、犯罪行為に至った背景の理解と、地域のネットワークによる支援が欠かせません。

第1章　人権がまもられるということ

第2章　当事者の意思を尊重するために

第3章　成年後見制度を理解する

第4章　そのほかの人権にかかわる法制度・しくみ

第5章　人権にまつわる現代日本の福祉的課題

第6章　人を支援する際の大切なキーワード

第7章　人権に関連する機関

地域生活定着支援センターと連携する関係機関

支援対象者

支援

| 刑事司法関連機関 | → 連携 ← | 地域生活定着支援センター | → 連携・引継ぎ ← | 地域の関係機関 |

矯正施設（刑務所・少年院）・拘置所、保護観察所（保護司）・更生保護施設・自立準備ホーム、警察、検察庁、弁護士など

【業務内容】
①コーディネート業務
②フォローアップ業務
③被疑者等支援業務
④相談支援業務
⑤普及啓発

行政機関、社会福祉協議会、保健所、相談支援事業所、障害者就業・生活支援センター、地域包括支援センター、居宅介護支援事業所など

地域生活定着支援センターの業務

①コーディネート業務	矯正施設入所中の対象者に対する、福祉サービスなどのニーズの確認、退所後の受け入れ施設などの調整、必要なサービス利用手続きの支援
②フォローアップ業務	地域生活を始めた対象者に対する、受け入れ施設などへの訪問による生活状況の確認・助言、必要な手続きの支援、定期的な支援会議の開催など
③被疑者等支援業務	対象者が被疑者・被告人の段階からかかわり、福祉サービスなどのニーズを確認したうえで行う、サービスなどの利用調整、釈放後の継続的な支援
④相談支援業務	本人や関係機関などからの相談に対する助言、必要な関係機関への橋渡しなど
⑤普及啓発	業務を円滑かつ効果的に実施するための、関係機関とのネットワーク形成や研修などの実施

07

意思決定支援と情報提供

▶ 意思決定のための情報とは

　意思決定支援に取り組む際、説明する資料の準備にどれくらい時間をかけていますか？

　意思決定支援に関するさまざまなガイドラインでは、本人の自己決定に必要な情報の説明は、本人が理解できるよう工夫して行い、本人が安心して自信をもち自由に意思表示できるよう支援することを求めています。それは、「今ある情報の内容を理解することができないから意思決定することができない」のではなく、「今ある情報が届く形で提供されていないから意思決定が阻害されている」という、障害者権利条約の考えに基づいているからです。

▶ わかりやすい情報提供とコミュニケーション支援

　では、本人に届く形で情報提供するには、どうすればよいのでしょうか？　基本的には、**①シンプルな文章で具体的に伝えること、②本人の様子を確認しながら伝えることがポイントです。**文字、音声、イラストなどを組み合わせて、反応がよい方法を探してみてください。本人はどのような形で思いを表現していますか？　その方法を取り入れることも一案です。

　「わかりやすい」はとても抽象的で、考えれば考えるほど「わかりやすさ」から遠ざかってしまいます。情報保障の問題に取り組んでいる組織が公表している手引きがありますので、ぜひチェックしてみてください。

第1章　人権がまもられるということ

第2章　当事者の意思を尊重するために

第3章　成年後見制度を理解する

第4章　そのほかの人権にかかわる法制度としくみ

第5章　人権にまつわる現代日本の福祉的課題

第6章　人を支援する際の大切なキーワード

第7章　人権に関連する機関

文章の書き方

○簡潔かつ具体的に

■二重否定や遠まわしな表現、難しい言いまわしを避ける

× 　資料の貸出延長はできません。
　　ご事情のあるときは担当までご連絡ください。

↓

○ 　借りた本やビデオ、DVD、CDは返却日までに返しましょう。
　　返すのが遅れるときは、図書館にれんらくしてください。

■常とう語（ある場面にいつもきまって使われることば）を除いて、漢字が４つ以上連なることばや抽象的な概念のことばは避ける

■小学校２〜３年生までの漢字を使い、漢字にはふりがなをふる

■具体的な情報を入れる

× 　「障害者虐待」とは、①養護者による障害者虐待、②障害者福祉施設従事者等による障害者虐待、③使用者による障害者虐待をいう。

↓

○ 　家族や施設の職員、
　　会社の人など、
　　あなたのことを守ってくれるはずの人が、
　　ひどいことをしてきたら、
　　それは虐待かもしれません。

■必要度の低い情報はできるだけ削除する

○本人の反応を確認する

資料：厚生労働省「わかりやすい情報提供に関するガイドライン」をもとに作成

08

認知症高齢者に対する支援

認知症とは

　認知症とは、さまざまな脳の病気により、脳の神経細胞のはたらきが徐々に低下し、記憶や判断力といった認知機能が低下して、社会生活に支障をきたした状態をいいます。認知症は加齢によるもの忘れとは異なります。アルツハイマー型認知症、血管性認知症、レビー小体型認知症、前頭側頭型認知症、アルコール型認知症などがあります。

　認知症の症状には中核症状と周辺症状があります。中核症状とは、記憶障害、見当識障害、理解・判断力の障害、実行機能障害、失行・失認・失語障害などで、認知症の本質的な症状です。周辺症状（BPSD；Behavioral and Psychological Symptoms of Dementia）とは、中核症状とその人を取り巻く環境や人間関係などが関係して起こる行動的な障害を指します。具体的には、妄想、幻覚、不安、せん妄、睡眠障害、多弁、多動、異食、徘徊、暴力、暴言などで、ケアにより改善を図ることができます。

認知症高齢者に対する支援

　自らの意思を形成すること、それを表明できること、その意思が尊重されることはいずれも、日常生活・社会生活を送るうえで極めて重要であることは改めていうまでもありません。これは、認知症があっても同様です。**「認知症の人の日常生活・社会生活における意思決定支援ガイドライン」は、意思決定支援の基本的考え方（理念）や姿勢、方法、配慮すべき事柄などを示しています。**ガイドラインでは、意思決定支援を、「認知症の人の意思決定をプロセスとして支援するもの」としています。また、そのプロセスは、「本人が意思を形成することの支援」と「本人が意思を表明することの支援」を中心とし、「本人が意思を実現するための支援を含む」としています。

認知症高齢者に対する意思決定支援の基本原則とプロセス

基本原則

本人の意思の尊重　　　　　　チームによる早期からの継続的支援
本人の意思決定能力への配慮

意思形成支援：適切な情報、認識、環境のもとで
意思が形成されることを支援する

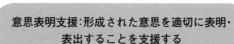

意思表明支援：形成された意思を適切に表明・
表出することを支援する

意思実現支援：本人の意思を日常生活・社会生活に
反映させることを支援する

プロセスの記録・確認・振り返り　　　　　　環境の整備

資料：厚生労働省「認知症の人の日常生活・社会生活における意思決定支援ガイドライン」をもとに作成

第1章　人権がまもられるということ
第2章　当事者の意思を尊重するために
第3章　成年後見制度を理解する
第4章　そのほかの人権にかかわる法制度・しくみ
第5章　人権にまつわる現代日本の福祉的課題
第6章　人を支援する際の大切なキーワード
第7章　人権に関連する機関

09

LGBTQへの支援

LGBTQが直面する課題

　意思が明確であっても、意思表示の前の段階で立ち止まっている人がいます。その具体的な例のひとつが、LGBTQ です。NPO 法人 ReBit が公表した「LGBTQ 医療福祉調査2023」によると、過去10年に、LGBTQ の半数（46.8%）が生活困窮を経験し、その約半数が、行政・福祉サービスの利用について相談できていないと回答しています。その理由は、ハラスメントやアウティング（本人の了解を得ずに、本人が公にしていない性的指向などを暴露すること）へのおそれです。実際に相談した場合も、約8割がセクシュアリティに関連した困難を経験しています。

　LGBTQ のカップルの場合、健康保険や公的年金における被扶養者としての資格を得ることも、特別養子縁組の養親となることもできません。また、戸籍上の性別を変更するには、手術を受けて性器の外観を近似させ、生殖腺の機能を永続的に欠くことが要件とされています。しかし、その要件を満たすための医療体制も保険制度も十分ではありません。日本の社会保障制度が、異性愛者を前提に、また男性を稼ぎ主とする世帯を中心に設計されているため、LGBTQ がそのしくみからこぼれ落ちやすいという現状があります。そのような現状を前に、支援者の多くも、適切に支援ができなかったと感じていることが「支援者の LGBTQ 意識調査2023」から明らかになっています。

意思が明確であっても

　LGBTQ 以外にも、意思表示する前の段階で立ち止まらずを得ず、自らの望む生き方を手放している人、譲れない思いのために孤立や貧困に至っている人がいるかもしれない。そのような想像力をもちながら、日々の実践に取り組む必要があります。

LGBTQ

L：Lesbian（レズビアン、女性同性愛者）

G：Gay（ゲイ、男性同性愛者）

B：Bisexual（バイセクシュアル、両性愛者）

T：Transgender（トランスジェンダー、性自認が出生時に割り当てられた性別とは異なる人）

Q：Questioning（クイアやクエスチョニング）

セクシャルマイノリティ（性的少数者）を表す総称のひとつ。LGBT以外にも多様なセクシュアリティが存在する

支援者にセクシュアリティを伝えなかったことによる影響

セクシュアリティを知られないよう、言えないことがあった/嘘をつかないといけなかった	36.7%
困っていることを伝えられなかった/相談できなかった	35.9%
障害/困窮の経緯や背景を伝えられなかった/相談できなかった	25.0%
望む支援や希望する生活を伝えられなかった/相談できなかった	17.2%
セクシュアリティに関連し、必要な支援を十分に受けられていないように感じた	14.8%
望む性別で支援を受けられなかった	12.9%
LGBTQが笑いのネタになっていたり、望まない性別で扱われたり等の望ましくない場面で、嫌だと言えなかった/指摘できなかった	12.5%
パートナーや子ども等が、家族として扱われなかった	5.5%
その他	2.7%
困ったことや上記経験はない	45.3%

必要・適切な支援を受けられなかった **53.5%**

n＝256

行政・福祉サービスを利用した際に、支援者にセクシュアリティを伝えなかったことで、**53.5%**が必要・適切な支援を受けられなかった。

※アンケート概要：＜回収期間＞2023年1月15日～2月12日　＜調査方法＞SNS等インターネットで募集　＜総回答数＞1138回答　＜調査実施主体＞NPO法人ReBit

出典：ReBit「LGBTQ医療福祉調査2023」（https://rebitlgbt.org/news/9873）

10
ヤングケアラーに対する支援

■ ヤングケアラーとは

「**ヤングケアラー**」という言葉を耳にする機会が増えています。「ヤングケアラー」とは本来、大人が担うと想定されている家事や家族の世話などを日常的に行っている18歳未満の子どものことをいいます。

■ ヤングケアラーの現状

支援が必要な家族のケアを、その家族が行うという状況は、日常的にみられます。例えば、生まれたばかりの子どもを親が、高齢になった親をその子どもがといった場合は、おおむね違和感なく受け止められています。一方、親の介護、幼いきょうだいの世話などが日常的に行われている場合、それを担う子どもの精神的な健康、学校生活や友人関係に影響を与えることがあります。具体的には、部活動や行事に参加できない、学校で孤立する、経済的な困窮もあいまって進学をあきらめざるを得ないなどです。その割合は4〜7％ともいわれています。

■ ヤングケアラー支援

ヤングケアラー支援については、継続的な啓発活動とともに、ヤングケアラーの発見と具体的な支援が求められています。地域や学校で孤立してしまっている当事者が相談できる場所や機会を広く周知し、地域ぐるみの支援が呼びかけられています。行政機関のほか、子どもの支援を行う団体を中心に民間による支援も徐々に活発になっています。日本の社会を担う子どもたちが、自分の夢や人生をあきらめなければならない状態に陥ることがないように地道な取り組みが継続されていくことが望まれています。

ヤングケアラーに対する支援　図

ヤングケアラーって

- 障がいや病気のある家族に代わり、買い物・料理・掃除・洗濯などの家事をしている
- 家族に代わり、幼いきょうだいの世話をしている
- 障がいや病気のあるきょうだいの世話や見守りをしている
- 目を離せない家族の見守りや声かけなどの気づかいをしている
- 日本語が第一言語でない家族や障がいのある家族のために通訳をしている
- 家計を支えるために労働をして、障がいや病気のある家族を助けている
- アルコール・薬物・ギャンブル問題を抱える家族に対応している
- がん・難病・精神疾患など慢性的な病気の家族の看病をしている
- 障がいや病気のある家族の身の回りの世話をしている
- 障がいや病気のある家族の入浴やトイレの介助をしている

出典：子ども家庭庁「ヤングケアラーについて」(https://www.cfa.go.jp/policies/young-carer/)

ヤングケアラーの発見・把握に向けたチェックリスト

- ☐ 学校を休みがちである
- ☐ 遅刻や早退が多い
- ☐ 保健室で過ごしていることが多い
- ☐ 精神的な不安定さがある
- ☐ 身だしなみが整っていない
- ☐ 学力が低下している
- ☐ 宿題や持ち物の忘れ物が多い
- ☐ 保護者の承諾が必要な書類等の提出遅れや提出忘れが多い
- ☐ 学校に必要なものを用意してもらえない
- ☐ 部活を途中でやめてしまった
- ☐ 修学旅行や宿泊行事等を欠席する
- ☐ 校納金が遅れる、未払い

出典：令和2年度 子ども・子育て支援推進調査研究事業「ヤングケアラーの実態に関する調査研究報告書」

第1章 人権がまもられるということ
第2章 当事者の意思を尊重するために
第3章 成年後見制度を理解する
第4章 そのほかの人権にかかわる法制度・しくみ
第5章 人権にまつわる現代日本の福祉的課題
第6章 人を支援する際の大切なキーワード
第7章 人権に関連する機関

11

外国人に対する支援

日本に住む外国人の増加

日本に住む外国人はここ30年の間に3倍に増加しています。

日本で働くことを希望する外国人の増加や人材育成による国際貢献という視点から、2018（平成30）年に出入国管理法が改正され、在留資格として「特定技能」が創設され、介護もその1つとして位置づけられています。

情報弱者になりがちな外国人

日本に在住している外国人が安心して生活できるよう、官公庁ではさまざまな言語で日本での生活、教育や医療、就労について情報を発信しています。しかし、意思決定を行ううえで必要な情報へのアクセスが十分に保証されているとはいえません。

外国人差別

また、日本で暮らしている外国人の増加に伴って、外国人に対する日本人の差別も課題となっています。日本が植民地としていた歴史のある北朝鮮や韓国の人に対する差別なども未だに解消されていません。外国人労働者の増加に伴い、労働条件面で不当な扱いを受けたり、住居やサービスの提供を拒否されたりなどのほか、特定の国籍をもつ人に対するヘイトスピーチなどが報告されています。生活上の悩みを抱える外国人のために、都道府県などが相談窓口を設けて、仕事や子育て、病気、差別など多方面の相談に応じています。**国においても外国人を含めた共生社会の実現が、目指す方向性として検討されています。**

外国人に対する支援　図

外国人材の受け入れ・共生のための総合的対応策

円滑なコミュニケーションと社会参加のための日本語教育等の取り組み
- 外国人が生活のために必要な日本語等を習得できる環境の整備
- 日本語教育の質の向上等

外国人に対する情報発信・外国人向けの相談体制の強化
- 外国人の目線に立った情報発信の強化
- 外国人が抱える問題に寄り添った相談体制の強化
- 情報発信及び相談対応におけるやさしい日本語化のさらなる促進

ライフステージ・ライフサイクルに応じた支援
- 「乳幼児期」「学齢期」を中心とした外国人に対する支援等
- 「青壮年期」初期を中心とした外国人に対する支援等
- 「青壮年期」を中心とした外国人に対する支援等
- 「高齢期」を中心とした外国人に対する支援等
- ライフステージに共通する取り組み

外国人材の円滑かつ適正な受け入れ
- 特定技能外国人のマッチング支援策等
- 悪質な仲介事業者等の排除
- 海外における日本語教育基盤の充実等

共生社会の基盤整備に向けた取り組み
- 共生社会の実現に向けた意識醸成
- 外国人の生活状況にかかる実態把握のための政府統計の充実等
- 共生社会の基盤整備のための情報収集強化及び関係機関間の連携強化等
- 外国人も共生社会を支える担い手となるようなしくみづくり
- 共生社会の基盤としての在留管理体制の構築

12 長期施設入所者の地域移行事例

20年間入所していたAさん

　Aさんは、40歳で知的障害と自閉スペクトラム症があります。身の回りのことはできますが、言葉によるコミュニケーションは難しく、うれしいときや嫌なときは感情で表現しています。20歳のときに、家庭の事情で障害者支援施設に入所し、20年が経ちました。

　Aさんの担当職員のBさんは、施設に勤めて3年目で、施設生活が長くなっているAさんの生活の場について見直すことを考え、施設の個別支援会議で提案することにしました。

意思決定支援会議

　個別支援会議は、Aさんの意思決定支援会議として位置づけ、Aさんと両親のほか、サービス管理責任者のCさん、職員のBさん、相談支援専門員のDさんが参加しました。Bさんの提案をAさんに話しましたが、よくわからないようでした。Aさんの両親は、せっかく慣れ親しんだ施設から出されてしまうようで不安だといいました。Aさんは、その雰囲気を察してなのか、落ち着かない様子になりました。相談支援専門員のDさんは、体験利用の制度を活用して、グループホームの生活を体験してみてはどうかと提案しました。サービス管理責任者のCさんも、Aさんの意思決定支援としてグループホームの体験利用を行い、Aさんの生活の様子をみて、グループホームと施設のどちらの生活を望むのか決めてもらってはどうかと話し、両親も同意しました。

第 1 章 人権がまもられる ということ

第 2 章 当事者の意思を 尊重するために

第 3 章 成年後見制度を 理解する

第 4 章 そのほかの人権にか かわる法制度・しくみ

第 5 章 人権にまつわる現代 日本の福祉的課題

第 6 章 人を支援する際の 大切なキーワード

第 7 章 人権に関連 する機関

● 体験利用とＡさんの意思

　体験利用したグループホームでは、少人数のためか、Ａさんは落ち着いた生活を送ることができました。また、近所のお店で買ってきたカップラーメンをつくって食べたり、休日には電車に乗って出かけたりと、グループホームの生活に満足そうでした。

　再び意思決定支援会議が開かれ、体験利用中のＡさんの様子が報告されました。Ａさんは、グループホームがどういうところなのかわかったようでした。相談支援専門員のＤさんが「グループホームどうでしたか」という問いかけに、言葉で答えることはありませんでしたが、体験利用中のＡさんの様子やＡさんのうれしそうな表情が、その答えを示していました。両親は、心配そうでしたが、みんなでＡさんの新しい生活を応援していくことになりました。

人を支援する際の大切なキーワード

01

「自立」をどう捉えるか

■ 「自立」

　福祉の現場で働く私たちにとって、自立という言葉はよく耳にする言葉です。

　1960 〜 80年代に世界各地の障害者が、ノーマライゼーションを求めて展開した運動である自立生活運動をはじめ、障害者総合支援法の前身である障害者自立支援法、2002（平成14）年のホームレス自立支援法、2013（平成25）年の生活困窮者自立支援法などの法律にも、自立という言葉が盛り込まれています。「自立」は、福祉分野で広く使われる言葉なのです。

　「自立」という言葉が法制度に盛り込まれるようになった2000年代のはじめに、その用法をめぐる議論がありました。例えば、本来自らの生活のあり方を表す言葉としてあった自立が、いつの間にか自分以外の人の目標として設定されるようになったという批判があります。あるいは、支援を必要とする人が取り組むべき目標として、国の制度が「自立」をルールとしているという批判です。

■ 意思決定支援と「自立」

　意思決定支援に取り組むにあたり、「自立」は支援者ではなく、本人が使う言葉としてあるべきです。そのためには、障害者自立生活運動が主張した「自立」の定義が参考になります。その特徴は、①障害を克服すべきものとして意味づけないこと、②家族や周囲の人と対等な関係を築くこと、③社会との接点がある場で生活すること、④就労だけでなく、さまざまな活動を社会参加として位置づけること、⑤社会サービスを権利として利用していくことの5点に集約されます[1]。私たちの実践がパターナリズムに陥ることを避けるために、振り返っておきたい大切なポイントです。

「自立」の定義

① 障害を克服すべきものとして意味づけないこと
② 家族や周囲の人々と対等な関係を築くこと
③ 社会との接点がある場で生活すること
④ 就労だけでなく、さまざまな活動を社会参加として位置づけること
⑤ 社会サービスを権利として利用していくこと

資料：廣野俊輔「「青い芝の会」における知的障害者観の変容——もう１つの転換点として」『社会福祉学』第50巻第3号、18～28ページ、2009年

介護の現場では、日常生活動作（ADL）の自立がよく話題にあがります。

必要な支援の量を判断する際、食事、着替え、入浴などが一人でできるかどうかをみますよね。こんなとき、「自立」は、支援者が使う言葉になってしまいやすいような気がします。

何時間もかけて一人で身支度を整えるよりも、使えるリソースを活用して時間をかけずに準備を整え、仕事や余暇活動などの目的を達成することのほうがずっと重要なことだと、自立生活運動では議論されてきました。

日常生活動作も大切だけど、社会参加を通じて生き生きと暮らすことのほうが、もっと大切だということですね。

02

国際生活機能分類
(ICF)

ICF

　福祉の現場で働いていると、**ICF**という言葉を見聞きすることがあるかと思います。ICFは、その正式名称であるInternational Classification of Functioning, Disability and Healthの頭文字をとったもので、日本語では**国際生活機能分類**と呼ばれています。世界保健機関（WHO）によって、障害を統計的に把握しサービスの評価等に応用できるよう、国際障害分類（ICIDH）の改訂版として開発されました。

　例えば、交通事故に遭い車いすを使って生活することになった場合について考えてみましょう。国際障害分類（ICIDH）では、病気やけがを起点とする「機能障害」（例：下肢障害がある）が「能力障害」（例：歩行できない）につながり、能力障害がさらに「社会的不利」（例：仕事を退職）をもたらすという構造で障害を捉え、整理していました。

　一方、ICFでは、移動が困難になったのは、交通事故に遭い下肢障害が残った（足が動かない）からではなく、建物や交通機関にバリアが残っているからと考えます。**環境要因をより重視した整理の仕方を採用しているのです。**

ICFのポイント

　ICFでは、病気やけがが必ずしも社会的不利につながるわけではなく、適切に環境を整備することによって、社会参加の機会を維持できることが読み取れるようになっています。支援の目的は、病気やけが、加齢によって心身機能が低下しても、社会に参加し、人生を楽しむことができるよう環境を整備することです。このようなICFの考え方は、高齢分野にも取り入れられはじめています。

国際障害分類（ICIDH）と国際生活機能分類（ICF）の例示と対比

● 国際障害分類（ICIDH）

Disease or Disorder	Impairment	Disability	Handicap
疾患・変調	機能・形態障害	能力障害	社会的不利
	＜生物レベル＞	＜個人レベル＞	＜社会レベル＞

例）
交通事故に遭う

例）
下肢障害

例）
歩行できない

例）
退職する

● 国際生活機能分類（ICF）

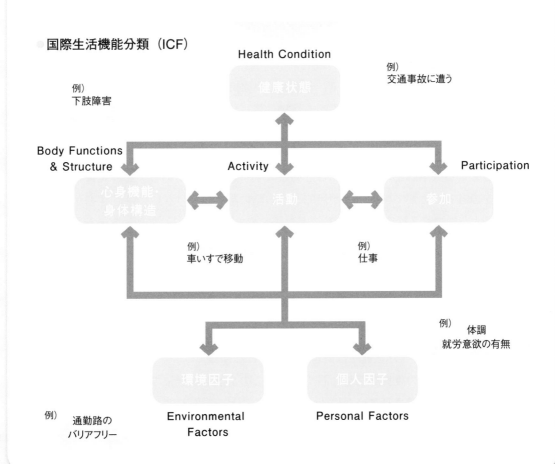

Health Condition
健康状態

例）
交通事故に遭う

例）
下肢障害

Body Functions & Structure
心身機能・身体構造

Activity
活動

Participation
参加

例）
車いすで移動

例）
仕事

例）　体調
就労意欲の有無

環境因子
Environmental Factors

個人因子
Personal Factors

例）
通勤路のバリアフリー

第1章　人権がまもられるということ
第2章　当事者の意思を尊重するために
第3章　成年後見制度を理解する
第4章　そのほかの人権にかかわる法制度・しくみ
第5章　人権にまつわる現代日本の福祉的課題
第6章　人を支援する際の大切なキーワード
第7章　人権に関連する機関

03
社会モデル

社会的障壁という観点

「障害の社会モデル」という考え方もあります。これは、障害は社会的に構築されるという考え方です。社会的排除や不利益の原因は社会の要因、すなわち「社会的障壁」に帰属すると考えることが特徴です。

例えば、建物には階段があります。3階以上の建物の場合、エレベーターがあるとうれしいですね。一方で、スロープのある建物は珍しいでしょう。

階段は、車いすを利用している人、乳児やベビーカーをおしている人は利用できません。社会モデルでは、このような、階段しかない建物を**「社会的障壁」**と呼び、**車いすを利用している人やベビーカーをおしている人を「無力化している」**と考えます。

階段をのぼることができない人が目的とする階にたどり着けないのは、建物が、誰もが使えるようにつくられていないからであり、その人がはったり、ベビーカーをもち上げたりして階段をのぼるよりも、建物をバリアフリーにするほうが有効だと考えるのです。

社会的障壁を可視化する

私たちのもつ「当然」「あったらうれしい」「珍しい」という感覚も、社会的障壁になります。なぜなら、あって「当然」の階段をつけるための費用は負担に思われませんが、「珍しい」スロープをつける費用は負担に感じられるからです。

障害者権利委員会の委員を務めた石川准は、このような状況について「すでに配慮された人」と「まだ配慮されていない人」と捉えることを提案しています。社会的障壁を認識するためには、当たり前すぎてみえなくなっている、マジョリティに対する配慮に気づくことが重要なのです。

障害の社会モデル

階段
車いす・台車・ベビー
カーをおしている人に
は利用できない

スロープ
いろいろな人が利用
することができる

社会的障壁

人が日常生活を送るうえで、その活動を困難にする、社会の側の要因。
段差や重たいドアといった物理的なものだけでなく、心理的なもの、制度やルールも含まれる

階段は人の歩幅に合わせ、
上り下りしやすい設計がよい

誰もが使いやすくなるよう、
スロープをつけたほうがよい

それはそうだね

えっ…

第1章　人権がまもられるということ

第2章　当事者の意思を尊重するために

第3章　成年後見制度を理解する

第4章　そのほかの人権にかかわる法制度・しくみ

第5章　人権にまつわる現代日本の福祉的課題

第6章　人を支援する際の大切なキーワード

第7章　人権に関連する機関

04

意思決定能力に制限が
ある人とICF、社会モデル

■ 意思決定能力に制限があるとは──ICFを通して考える

ICF は、心身機能・身体構造、活動、参加がそれぞれ相互に影響していると考えます。意思決定能力に制限がある場合をICFをもとに考えてみると、「心身機能・身体構造」（認知機能の障害）と、「活動」（意思決定）、「参加」（例えば買い物や旅行）の実態は、一方向的に決まるものではなく、「心身機能・身体構造」「活動」「参加」という3つの要素に、「環境因子」（例：情報のわかりやすさや支援体制）と「個人因子」（例：情報の親和性や体調）が影響しているという構図で、捉えることが可能です。

■ 残ってしまう「わからなさ」

しかし現実には、どれほど環境因子や個人因子を整えても「わからなさ」が残ることがあります。環境整備を進めても残る「わからなさ」については、障害の社会モデル、すなわち障害の社会的構築を論じる人の間で、課題として議論されてきました。特に、知的障害者の場合、**わからないという主観的経験が、障害者を無力化する社会的障壁と密接に絡み合っていることが指摘されています。**

例えば、煩雑な行政手続きは、社会の側の問題です。知的障害者を無力化する社会的障壁であることを指摘し、改善を求めることができます。一方で、ワクチンの副反応や接種に伴うリスクといった、どう説明しても、曖昧さや不明点が残ってしまう場合、「わからない」「間違えた」という本人の経験と、「話してもわからないだろう」という姿勢の人とのやり取りが絡み合い、何がどう問題なのか、判別しにくくなるのです。

このようなとき、ぶれずに「本人の意思の尊重」を守り通す論理は何でしょう。そこでは、人権が無条件に付与されることをきちんと理解していることが重要になります。

わからなくても基本的人権を尊重する 図

知的障害者や高齢者がワクチン接種の
申込方法がわからず困っている

ワクチン接種の申込方法についてわかりやすく
説明して、手続きが進む

わかりにくい案内が障害者を無力化する社会的障壁

結局、ワクチンが何かわからない
副作用が出てつらいけれど誰に何を相談したらよいかわからない

混乱する支援者

何をどう解決したらよいだろう……迷うときこそ人権尊重を意識

第1章 人権がまもられるということ

第2章 当事者の意思を尊重するために

第3章 成年後見制度を理解する

第4章 そのほかの人権にかかわる法制度・しくみ

第5章 人権にまつわる現代日本の福祉的課題

第6章 人を支援する際の大切なキーワード

第7章 人権に関連する機関

エンパワメント・アプローチ

福祉における対人援助技術（ソーシャルワーク）

　社会福祉の領域における援助技術は19世紀の末に発祥し、第二次世界大戦後にアメリカから日本に輸入されました。当初、精神医学や精神分析学の影響を色濃く受け、治療的なアプローチが主流でした。しかし、医学モデルに立脚した援助技術だけでは、噴出する社会問題に十分な対応ができないと批判され、多様な援助技術が登場してきました。1960年代以降、課題中心アプローチなどが紹介され、生態学に影響を受けたエコロジカルアプローチ（生活モデル）が提唱されたのです。そして、1990年代にはエンパワメント・アプローチ、ストレングス視点、ナラティブ・アプローチといった利用者の力や視点を尊重するアプローチが盛んに活用されるようになりました。

エンパワメント・アプローチ

　エンパワメントとは、1950年代から60年代のアメリカにおける公民権運動、黒人に対する差別・偏見を除去するための運動から始まったといわれています。

　エンパワメントを提唱したソロモンは、否定的な評価によって社会的にパワーレスな状態におかれている人たちの現状から、人がもてるパワーを増強していくための援助過程としてエンパワメントを位置づけました。以後、エンパワメントは人種問題に留まらず、女性や子ども、ホームレス、エイズ患者、高齢者、障害者などの、マイノリティを支援していくソーシャルワークの主要な方法論としてとりあげられるようになったのです。

　個人に対する支援だけを念頭においているわけではなく、**だれもがもてる力を発揮できる環境をつくること、公平な社会を実現しよう**という概念が含まれています。

ストレングスモデル、レジリエンス　図

変化するソーシャルワーク

　支援する際に、その人の抱えている問題に焦点をあて、その問題の解決をはかることを目的とするかかわりが長年行われてきました。医学モデルから生活モデルへという流れのなかで、支援する側が認識している問題にアプローチするというよりも、その人の主観的ニーズに焦点をあて、一緒に目標を設定したうえで、具体的な計画を立て、目標達成のための支援を展開していくという方法に変化しています。

　当事者主体という当たり前のことが専門職等によって歪められてしまったことを内省し、その人の意思に寄り添った支援を展開していくことが望まれています。

ストレングスモデル

　1982年にカンザス大学で発足した研究プロジェクトを中心とする、チャールズ・ラップらによって提唱されてきたケースマネジメントモデルのひとつです。利用者と地域社会がもっている潜在的な力（能力や資源や機会）を評価し、積極的に活用しようとするのが、ストレングスモデルです。

レジリエンス

　「レジリエンス」とは、「弾力性」「回復力」「しなやかさ」を表す言葉です。仕事や家庭環境などの人間関係が悪化することで生じるストレスをはねのけて「回復すること」とされています。その回復過程における精神的な成長を含むこともあります。対人援助モデルとしてのレジリエンスモデルは、個人に元々備わる復元力を引き出すことを目的としています。ソーシャルワーク理論の発展に寄与することが期待されています。

第1章　人権がまもられるということ

第2章　当事者の意思を尊重するために

第3章　成年後見制度を理解する

第4章　そのほかの人権にかかわる法制度・しくみ

第5章　人権にまつわる現代日本の福祉的課題

第6章　人を支援する際の大切なキーワード

第7章　人権に関連する機関

06 ピアサポート

ピアサポートとは

ピアサポートとは、仲間（ピア）同士の支え合いであり、学校や医療現場など、多くの領域で活動が行われてきました。**ピアサポートの有効性は、同じような経験をもつ人同士が、経験を語り合い、分かち合うことで、生きる力を高めることができる点にあります。**

障害者領域におけるピアサポートの歴史

障害者のピアサポート活動の歴史は18世紀に遡るともいわれます。よく例に出されるのは、1907年にアメリカで自らの精神科病院入院の経験を出版したクリフォード・ビーアズによって始められた精神衛生運動や1935年に設立された Alcoholics Anonymous（AA）のセルフヘルプグループなどです。

2000年以降はリカバリー志向のサービスに注目が集まり、アメリカやカナダでは「認定ピアスペシャリスト」としてピアサポーターがメンタルヘルスのしくみに位置づけられるようになりました。そうしたピアサポート活動は、これまで支援者主導で進められてきたリハビリテーションや福祉サービスに対する批判を含んでおり、サービスが当事者主体で展開されていく時代に突入したことの表れでもありました。

精神科病院における長期入院患者の地域移行とピアサポーター

多様なピアサポート活動のなかでも、注目されているのが、精神科病院に長期入院している人に対する、退院を目指したピアサポーターのかかわりです。病院を訪れて自分の経験を語り、退院への動機づけに貢献したり、退院に向けた助言や同行を行ったりなど、専門職と協働しながらピアサポーターが活躍してきました。

ピアサポート

Aさんが病棟にきてくれて、これまでの経験を話してくれました。もうあきらめていたけど、自分でも退院できるのかなと希望をもらいました。

退院が決まってから、アパート探しや、区役所での生活保護の手続きなど、全部一緒に行ってくれました。Bさん自身が経験したことを教えてくれ、助言してくれることで気持ちが楽になりました。

ピアサポートの報酬上の評価

　2021（令和3）年4月から、障害福祉サービスにおけるピアサポーターの配置に関して、報酬が認められました。残念ながら、すべてのサービスへの配置が評価されたわけではありませんが、その専門性が評価されたことは画期的なできごとでした。

　自らの経験を活かして福祉サービスを提供するピアサポーターとして活躍したいと希望する障害当事者も増えてきています。

第1章 人権がまもられるということ
第2章 当事者の意思を尊重するために
第3章 成年後見制度を理解する
第4章 そのほかの人権にかかわる法制度・しくみ
第5章 人権にまつわる現代日本の福祉的課題
第6章 人を支援する際の大切なキーワード
第7章 人権に関連する機関

07
ダイバーシティと
インクルージョン

Equality & Equity（平等と公正）

「Equality & Equity」と題される、柵越しに競技場をのぞいている子どものイラストをみたことがあるかもしれません。**Equality**（平等）のイラストでは身長の異なる子どもが同じ高さの台から競技場をのぞき込んでいます。一番小さな子どもは中をみることができません。これに対し、**Equity**（公正）のイラストでは異なる身長の子どもが異なる高さの台に上り、全員が中をみることができています。

このような、Equality & Equity（平等と公正）に関する議論は、形式的な平等ではなく、実質的な平等を求める人の間で主張されてきました。

Diversity, Equity & Inclusion（DE&I）

また、「Diversity & Inclusion」というスローガンは、「Diversity, Equity & Inclusion」と表現されるようになっています。Equity（公正）が加えられた点がポイントです。

それは、多様な存在を認め、社会に包摂していくことを目指す「Diversity & Inclusion」が、多様な存在をそろえるだけで終わってしまい、公正な対応になっていない事例が散見されるからです。「Equality & Equity」のイラストでいうと、Equality の状態です。

これに対し、「Diversity, Equity & Inclusion」は、マイノリティに対する公正な対応こそが重要であることを表現しています。

マイノリティが経験する格差の背景には、歴史的・社会的に構築された課題があります。これらを解決し、**「公正」を確保するには、積極的に環境を整え、配慮する姿勢が求められます。**「Diversity, Equity & Inclusion」という主張は、「Diversity & Inclusion」が流行りのスローガンとして消費されてしまうことに対する警鐘なのです。

第1章 人権がまもられるということ

第2章 当事者の意思を尊重するために

第3章 成年後見制度を理解する

第4章 そのほかの人権にかかわる法制度・しくみ

第5章 人権にまつわる現代日本の福祉的課題

第6章 人を支援する際の大切なキーワード

第7章 人権に関連する機関

DE&I

■ダイバーシティ（Diversity、多様性）

社会には、多様なアイデンティティや属性の人がいることを示す言葉。国、民族、肌の色、信仰、性別、年齢、障害の有無、経済状況、そのほか列挙されていないことも含め、多様な人々が存在すること。また、その状態を前提とすること。

■インクルージョン（Inclusion、包摂）

多様な存在が、共に社会で暮らし、共に日常生活を送ること。差別や隔離を経験してきた人を、再び共に暮らせる状況に戻すための取り組みをインクルージョンと呼ぶこともあり、日本では教育の文脈で使われることが多い。

■エクアリティ（Equality、平等）

人を評価したり、処遇したりする際に、等しく扱うこと。
しかし、平等であるかどうかを誰が判断するかによって、たどり着く結果が異なることが指摘されている。「形式的平等」「実質的平等」と呼び分けられ、右の図の比較においてEqualityは「形式的平等」に該当する。

Equality（平等）　　Equity（公正）

■エクイティ（Equity、公正）

Diversity & Inclusionをめぐる課題を解決するために提唱されたのが、Equity（公正）である。「形式的平等」に対し、「実質的平等」とも表現される。

参照：https://interactioninstitute.org/illustrating-equality-vs-equity/

08

ピアサポートによるエンパワメント

精神疾患により、職を失った人が、同じような経験をもつピアサポーターの寄り添いから、もう一度自分なりの人生を歩もうとする事例

▶ 統合失調症と診断され…

　Ａさん（30歳・男性）が統合失調症を発症したのは、24歳のときでした。Ａさんは、2歳年上の兄と、共働きで教員をしている両親の4人家族です。兄は小さいときから成績優秀で、Ａさんは両親から、常に勉強ができる兄と比較され、褒められた記憶がないといいます。

　地元の大学を卒業後、食品関係の会社に勤め、営業の仕事に就いていました。そこでも仕事のできる同僚と比較され、叱咤される日々が続いたことで眠れなくなり、そのうち、自宅でも上司の怒鳴る声が聞こえるようになってしまいました。当時、Ａさんにはそれが病気の症状だとは理解できず、「上司に見張られている」と考えて恐怖から自室に閉じこもり、出勤できなくなっていきました。退職せざるを得ず、心配した家族が精神科病院を受診させた結果、入院となりました。

　入院して約1か月が過ぎた頃、ようやく周囲の状況を理解できるようになってきました。医師から病名を告知され、両親はもちろん、Ａさんも大きなショックを受けました。3か月入院した後に症状はほぼ消失したため、自宅に退院し、通院しながら、また仕事を探しました。

▶ 再び就労したけれど…

営業の仕事はやめたほうがいいという医師の助言で、事務職として中小企業に就職しました。仕事に慣れてくるにしたがって、予想よりも多くの業務を担当するようになり、求められている仕事がこなせない状況になっていきました。忙しさで予約していた通院ができず、薬を飲まない日々が続きましたが、そのほうが体も動くし、頭もはたらくような気がして親には内緒で通院を中断してしまいました。その後、半年は仕事もなんとかこなすことができ、病気はすっかり治ったとＡさんは思っていました。決算期になり、残業が続くなかで、徐々に睡眠がうまく取れなくなって、帰宅しても仕事のことが頭からはなれなくなりました。仕事で大きなミスをして上司に厳しく注意されたその夜、自宅に帰ってもまったく眠ることができず、明け方、上司の声が聞こえたような気がしました。その後、会社にいても、自宅にいても、上司の声が頭の中でこだまするようになったのです。ある日、会社で上司に「もういい加減にしてください！　僕を監視して、やることなすことすべてに文句を言うのはやめてください」と大声をあげ、つかみかかろうとしたのです。同僚が間に入ってそれをくい止めましたが、Ａさんの怒声は続き、とうとう警察を呼ぶ騒ぎになってしまいました。精神疾患が疑われたため、精神保健指定医の診察の結果、非自発的な入院となりました。その後もＡさんは、就職しては怠薬して再発するというパターンを数回繰り返しています。

▶ ピアサポーターとの出会い

3回目の退院の際、主治医からリハビリテーションを経て、仕事を探してはどうかと提案され、病院のデイケアに半年通いました。その間、病気の理解や薬に関するプログラムに参加し、自分自身のこれまでについてもスタッフと一緒に振り返る機会を得たのです。それまで病気を隠して就職してきたことで、統合失調症で通院、服薬していることを知られてはいけないというプレッシャーがＡさんを追いつめてきた面もありました。Ａさん自身、自分の具合が悪くなったときの記憶が薄く、病気や障害を認めたくない気持ちもあって、残業を頼まれれば引き受け、仕事の忙しさを理由に治療をおろそかにしてしまうことを繰り返してきました。しかし、3回目の入院とデイケアでの経験によって、病気や障害について少しずつ理解を深めることができてきました。そこで、就労移行支援事業を活用して、障害のあることを明らかにしたうえで、就職活動を行うこ

ととなったのです。Aさんはそこで、当事者で事業所職員として働いているピアサポーターBさん（40歳）に出会いました。

ピアサポーターBさんの話を聞いて

　就労移行支援事業所では就職に向けた多様なプログラムが用意されていましたが、Aさんが最もこころを動かされたのは、Bさんの話でした。Bさんは就労移行支援事業の利用者が何か相談するといつも誠実に話を聞き、同じような経験をもつ立場で助言をしてくれます。

　そんなBさんも、Aさんと同じように20代で統合失調症を発症し、かつては回復と再発を繰り返し、職場を転々としたそうです。自分が病気だということをどうしても受け入れることができず、調子がよくなれば、もう大丈夫だと服薬をしなくなり、両親にもいろいろと迷惑をかけてしまったということでした。一番心配してくれていた母親を10年前に突然事故で喪い、残された日記を読んだBさんは涙がとまらなかったそうです。いつも通院しろ、薬を飲めとそればかり口うるさく言われ、どうして自分だけがこんな病気に人生を奪われなければならないのかと、怒りを母親にぶつけてしまうことも多々あったそうです。それなのに、母親の日記にはBさんを心配することばかりが書かれていて、それを読んだBさんは、発病して10年目にしてはじめて、本気で病気や障害に向き合おうと思ったと語ってくれました。そして、こんな自分だけど、その経験が、苦しみながらもがいている仲間の助けに少しでもなるならと思って、ピアサポーターとして働いているのだそうです。

　Bさんの話を聞いて、Aさんは兄よりも自分は親に愛情をかけてもらってこなかったといつも親を責め、自己判断で治療を中断しては迷惑をかけてきたことが頭に浮かびました。そして、まだ自分のことすらきちんと考えきれていないけれど、「自分もいつかはBさんみたいに誰かの力になれるならなりたい」と思うようになりました。

Column　社会モデルと人権モデル

医学モデル・社会モデル

　障害者権利条約や障害者差別解消法には、障害の社会モデルの考え方が反映されています。社会モデルとは、「障害は社会的に構築される」という考え方です。社会的排除や不利益の原因を医学モデルが個人の医学的特徴に帰属すると考えるのに対し、社会モデルでは社会的障壁に帰属するとします。

　意思決定支援に取り組むにあたっては、医学モデルから社会モデルへと、観点を転換することが前提となります。例えば、ある人が意思決定をすることができないようにみえるのは、「その人が情報を理解することができないから」ではなく、「情報が本人に届く形で提供されていないから」と考える必要があります。

人権モデルが登場した

　2016年頃から「人権モデル」という言葉が聞かれるようになりました。障害者権利委員会の委員らを中心に論じられている用語で、社会モデルを土台としつつ、それを一歩進めたものとして主張されています。

　例えば、意思決定能力に制限がある人の場合、どれほど環境を整えても「わからなさ」が残ることがあります。「意思決定ができないのは、情報が届く形で提供されていないからだ」といわれても、いかんともしがたい気持ちになることがあります。そこでいろいろなことを諦めてしまいそうになるときに、「待った」をかけるのが人権モデルです。社会的障壁を解消しても解決しきれない問題が残るからといって、権利侵害を容認する理由にはなりません。あくまでも基本的人権をベースに取り組む必要があります。

　人権モデルは、社会モデルに、社会的排除や不利益に対処するための道標を追加するものといえます。

テレジア・デゲナーによる社会モデルと人権モデルの違い

① 障害は社会的に構築されるものである。一方、人権は無条件に付与されるものであり、いかなる健康状態や心身の状態も前提としない

② 人権は、反差別という主張を超え、公民権及び経済的・社会的・文化的権利をカバーする

③ ディスアビリティだけでなくインペアメントも、人々の多様性を示す要素として認識する

④ 人々が交差的なアイデンティティをもつことを重視し、複合的差別の存在を認識する

⑤ 二次障害の防止といった公衆衛生に関する話題に対応する

⑥ 貧困層に偏って障害者が存在する構造を説明するだけでなく、その状況を変革するためのロードマップを含む

出典：Theresia Degener 2016 "Disability in a Human Rights Context", Laws 5(3): 35

Column　「共生社会」と「地域共生社会」

共生社会

　性別や国籍、障害の有無といった異なりをもつ人が身近にいて、当たり前に生活することを、「共生社会」と呼びます。2022（令和4）年11月に内閣府が実施した「障害に関する世論調査」では、「障害のある人が身近で普通に生活するのが当たり前」という考え方に賛同する人が9割を超えました。

地域共生社会

　これに対し「地域共生社会」とは、地域のあらゆる住民が役割をもち、支え合いながら、自分らしく活躍できるコミュニティを育成し、公的サービスと協働して助け合いながら暮らすことのできるしくみをさします。「ニッポン一億総活躍プラン」（平成28年6月2日閣議決定）を受け、2017（平成29）年に厚生労働省が政策目標として掲げました。

　背景には、福祉サービスの全体的な供給量が不足しているために、教育や就労の場を離れ、家族の介護にあたる人が増えたことがあります。「介護離職」「老々介護」「ヤングケアラー」と呼ばれる社会問題です。以後、住民相互の支え合いや高齢・障害・児童といった複数分野の支援を総合的に提供する取り組みが推進されています。

　多様な人が当たり前に地域で生活するには、身近にいる人がゆるやかに支え合う体制が確かに必要です。それは意思決定支援においても欠かせません。

　しかし、地域共生社会が唱えられる背景にある最も大きな課題は、家庭にケアの担い手がいることが前提とされ、福祉サービス全体の供給量が不足していることです。住民相互の支え合い体制は必要ですが、それは公的な責務を肩代わりするものではないことに注意してください。

第6章参考文献

1) 廣野俊輔「「青い芝の会」における知的障害者観の変容——もう1つの転換点として」『社会福祉学』第50巻第3号、18〜28ページ、2009年

人権に関連する機関

01

家庭裁判所

■ 裁判所って何をするところですか

　裁判所は、個人と個人の間の法律的な紛争を解決したり、犯罪を犯した疑いがある人が有罪か無罪かを判断したりすることにより、国民の権利やその国民生活を守るところです。**家庭裁判所**のほか、最高裁判所、高等裁判所、地方裁判所、簡易裁判所があります。

　法律上、裁判所で取り扱う手続きなどのことを「事件」といい、裁判所が扱う事件には、①民事事件、②行政事件、③刑事事件、④家事事件、⑤少年事件、⑥医療観察事件の6つがあります。

■ 家庭裁判所は

家庭裁判所では、少年事件と家事事件を取り扱っています。

　少年事件では、非行の事実を確認したうえで、非行の内容やその問題性に応じて、少年院送致、保護観察、不処分、審判不開始などを決めます。

　家事事件では、家庭内で起こる事件を扱います。事件の種類や内容によって、話し合いの手続き（調停）での解決を目指したり、裁判所が結論を決める手続き（審判）を行います。家庭裁判所では、必要に応じ、調査官がその背景や原因、現状を調査し、問題解決につながるような調整や援助を行います。**成年後見人の申立ても家事事件として扱われています。**

裁判所で取り扱う事件

① 民事事件：個人と個人との間の紛争、企業間の紛争などを解決するための手続きに関する事件
② 行政事件：行政に関連して生じた争いを解決するための手続きに関する事件
③ 刑事事件：犯罪の犯人だと疑われている人の有罪・無罪などを決めるための手続きに関する事件
④ 家事事件：家庭内での争いごとを解決するための手続きに関する事件
⑤ 少年事件：罪をしたと疑われる非行少年について、再非行防止のために最も適した措置を決めるための手続きに関する事件
⑥ 医療観察事件：心神喪失または心神耗弱の状態で殺人、放火等の重大な他害行為を行った者について、医療観察法による処遇の要否などを決めるための手続きに関する事件

家事事件の流れ

申立て

審判・調停

調査官による調査

裁判官
書記官

裁判官
調停員
書記官

審判・調停の成立

第1章　人権がまもられるということ

第2章　当事者の意思を尊重するために

第3章　成年後見制度を理解する

第4章　そのほかの人権にかかわる法制度・しくみ

第5章　人権にまつわる現代日本の福祉的課題

第6章　人を支援する際の大切なキーワード

第7章　人権に関連する機関

02

中核機関

中核機関

中核機関とは、2017（平成29）年に策定された、第一期成年後見制度利用促進基本計画において提案された組織です。意思決定支援を適切に進めるには、身近な人がチームとなって日常的に本人とかかわり、本人の意思や状況を継続的に把握する必要があります。また、時には福祉や法律の専門家が関与する必要も生じます。こうした体制を整備するため、地域連携ネットワークのコーディネートを担う中核的な機関の設置が必要であるとされ、以後、「中核機関」と呼ばれることになりました。

中核機関は、それを設置することだけが目的ではありません。**地域連携ネットワークが機能するしくみとして存在することが目的です。**

コーディネート機能の重要性

第二期成年後見制度利用促進基本計画では、権利擁護支援の地域連携ネットワークの機能を強化するための取り組みとして、中核機関のコーディネート機能の強化等を通じた連携・協力による地域づくりが強調されています。具体的には、次の3つの視点をもって、自発的に協力して取り組む必要があるとされています。

① 共通理解の促進

② 多様な主体の参画・活躍

③ 機能強化のためのしくみづくり

中核機関の機能

① **司令塔機能**
地域における権利擁護支援・成年後見制度利用促進機能の強化に向けた、全体構想の設計と、その実現に向けた進捗管理・コーディネートなど
② **事務局機能**
地域における「協議会」の運営
③ **進行管理機能**
地域における「3つの検討・専門的判断」を担保する

中核機関における3つの検討・専門的判断

① 権利擁護支援の方針についての検討・専門的判断
② 本人にふさわしい成年後見制度の利用に向けた検討・専門的判断
③ モニタリング・バックアップの検討・専門的判断

 ①〜③を通じ、中核機関は、個別のチーム(本人や後見人と、両者の活動等を身近で支援する関係者)に対する専門職等によるバックアップ(困難ケースのケース会議等を含む)を担保する。

地域連携ネットワークの機能の強化に取り組む際の視点

① **共通理解の促進**
地域・福祉・行政・法律専門職、そして家庭裁判所など、立場の異なる関係者が、それぞれの役割を理解し、方向性などを共有する。
② **多様な主体の参画・活躍**
さまざまな立場の関係者が新たに地域の権利擁護支援に参画し、その取り組みを拡げていく。
③ **機能強化のためのしくみづくり**
多くの関係者が円滑かつ効果的に連携・協力して活動できるしくみを整備する。

第1章 人権がまもられるということ

第2章 当事者の意思を尊重するために

第3章 成年後見制度を理解する

第4章 そのほかの人権にかかわる法制度・しくみ

第5章 人権にまつわる現代日本の福祉的課題

第6章 人を支援する際の大切なキーワード

第7章 人権に関連する機関

03

権利擁護センター

■ 権利擁護センターとは

　社会福祉協議会に設置されていることが多く、日常生活に不安のある高齢者や障害者が、住み慣れた地域で安心して暮らせるように、**福祉サービスの利用手続き、財産管理の援助、悪質商法等の権利侵害、複雑な契約や相続等の法律行為についての相談・助言等を行っています。**そのほか、成年後見制度の推進機関として制度の周知案内や手続きの支援等も期待されています。具体的な業務はそれぞれの権利擁護センターによって異なっています。

　権利擁護センターが実施している主な業務は次のとおりです。

■ 生活上の困りごとに関する相談

　財産や相続・遺言、成年後見制度の利用、消費・契約上の問題など、認知症高齢者や障害のある人の日常生活上の困りごとや権利擁護にかかわる相談に応じています。

■ 成年後見制度に関する業務

　成年後見制度利用促進法（成年後見制度の利用の促進に関する法律）により地域連携ネットワークとその中核になる機関の整備が進められています。権利擁護センターに中核機関としての役割を委託している自治体も多くあり、成年後見制度の利用を促進していく司令塔的な機能として期待されています。

権利擁護センターの業務（例）

日常生活上の困りごと

財産や相談・遺言

成年後見制度の利用

消費・契約上の問題

第1章 人権がまもられるということ

第2章 当事者の意思を尊重するために

第3章 成年後見制度を理解する

第4章 そのほかの人権にかかわる法制度・しくみ

第5章 人権にまつわる現代日本の福祉的課題

第6章 人を支援する際の大切なキーワード

第7章 人権に関連する機関

04

法テラス
（日本司法支援センター）

法テラスは何をするところ？

　日常生活で法的なトラブルを抱えることは、人生でそう多くはないかもしれません。一方で、相続や離婚などに関し、自分の力ではどうにもならない場合もあります。身近なところに法律の専門家がいる場合はよいのですが、だれに何を相談していいかわからない……。そういう人も多いのではないでしょうか。

　そんなとき、相談ができて、解決に向けて助言やアドバイスをしてくれるのが**法テラス**です。法テラスは、法的なトラブルの解決に必要な情報やサービスの提供を、どこででも受けられるようにしようという構想のもと、総合法律支援法に基づいて設立された法務省所管の公的な法人です。

法テラスの主な業務

・情報提供業務

　法律、制度や相談機関・団体等（弁護士会、司法書士会、地方公共団体の相談窓口等）に関する情報を無料で提供してくれます。

・民事法律扶助業務

　弁護士に相談したいけど経済的に余裕がないといった場合に、無料で法律相談を行い、必要な場合、弁護士・司法書士の費用等を立て替えてくれます。

　このほか、犯罪被害者支援業務、国選弁護等関連業務、司法過疎対策業務を行っています。

第1章　人権がまもられるということ

第2章　当事者の意思を尊重するために

第3章　成年後見制度を理解する

第4章　そのほかの人権にかかわる法制度・しくみ

第5章　人権にまつわる現代日本の福祉的課題

第6章　人を支援する際の大切なキーワード

第7章　人権に関連する機関

弁護士費用の立て替え

弁護士に依頼したいけれど、まとまった額を用意できない場合に、費用の立て替えを行っています。
返済は原則3年以内に終了するように分割で行います。

利用者

法的手続の代理
・書類の作成

分割支払い

弁護士
司法書士

法テラス

立て替え支払い

支援を受けることができる条件

① 収入等が一定額以下であること
② 勝訴の見込みがないとはいえないこと
③ 民事法律扶助の趣旨に適すること

05

福祉サービス
運営適正化委員会

福祉サービスにおける苦情解決のしくみと福祉サービス運営適正化委員会

　2000（平成12）年の社会福祉事業法改正により、福祉サービスの利用は、それまでの行政による措置制度から、利用者が自らの意思でサービスを選択し、事業者との契約により利用するというしくみになりました。

　それに伴い、福祉サービスにおける苦情解決のしくみが整えられ、社会福祉法第83条の規定により、福祉サービス利用援助事業の適正な運営を確保するとともに、福祉サービスに関する利用者からの苦情を適切に解決するため、都道府県社会福祉協議会に、公正・中立な第三者機関として**福祉サービス運営適正化委員会**が設置されました。

福祉サービス運営適正化委員会の役割と構成メンバー

　運営適正化委員会には大きく分けると2つの役割があります。

　ひとつは、福祉サービス利用援助事業の運営の監視であり、事業の実施状況について報告を受け、福祉サービス利用援助事業全般を監視し、助言、現地調査または勧告を行います。もうひとつは、当事者同士での解決が困難な苦情の、その解決に必要な調査、助言、あっせんなどです。

　委員会のメンバーは、社会福祉、法律、医療に関する学識経験者などで構成されています。

福祉サービス運営適正化委員会に寄せられる苦情とは

　寄せられる苦情の多くは職員の接遇に関するものです。そのほか、提供されるサービスの質や量、サービスに関する説明の不備などに関する申し出が多くなっています。

福祉サービスにおける苦情解決　図

福祉サービスにおける苦情解決のしくみ

福祉サービス利用者

苦情申出

事業者

苦情（意見）の受付

↓

苦情内容の確認

※事業者が選任した第三者委員

↓

話し合い

※利用者・事業者・第三者委員

※事業者の苦情解決の責務を明確化

(3)助言
(5)事情調査

(4)処理内容の調査
(5)事情調査
(7)結果の伝達

(8)苦情に対する
解決（処理）
状況の報告

(1)苦情申出

運営適正化委員会

都道府県社会福祉協議会に設置
人格が高潔であり、社会福祉に関する識見を有し、かつ、
社会福祉、法律または医療に関し学識経験を有する者で構成

(2)苦情の解決についての相談
(6)解決のあっせん

緊急時の通知　　　　　　(9)情報提供

都道府県

申出の内容により、①事業者段階、
②運営適正化委員会、③直接監査の
いずれかを選択して解決を図ること

（苦情申出）　　　　　　　　　　　　（監査の際の確認）

第1章　人権がまもられるということ

第2章　当事者の意思を尊重するために

第3章　成年後見制度を理解する

第4章　そのほかの人権にかかわる法制度・しくみ

第5章　人権にまつわる現代日本の福祉的課題

第6章　人を支援する際の大切なキーワード

第7章　人権に関連する機関

06

国民生活センター

◾ 国民生活センターのホームページは情報の宝庫

高齢者や障害者が、何らかの消費者トラブルに巻き込まれたと思われるとき、あるいは、ふだんのなにげない会話に違和感を覚えたとき、**国民生活センター**の情報をチェックしてみてください。「国民生活センター」とウェブで検索するとすぐにみつかります。ホームページのトップには、相談が多数寄せられる注意が必要な商品に関する具体的な情報が並んでいます。また、過去に寄せられた情報も「テーマ別特集」「Q＆A」として整理されています。「高齢者・障がい者を守る情報」には、「見守り新鮮情報」のバックナンバーが掲載されています。

◾ 国民生活センターとは

国民生活センターは1970（昭和45）年に設立された独立行政法人です。設立当初は商品テストやその結果の公表を主な業務としていました。1980年代に豊田商事事件という高齢者や障害者をねらう悪徳商法事件が起きて以後、同様の事件の予防や被害者救済に関する取り組みを始めています。2009（平成21）年には裁判とは別に紛争を解決するしくみ（ADRといいます）も設置されました。

◾ 消費者ホットライン188

情報を集めてみても判断に迷う場合は、**消費者ホットライン**に相談してみましょう。電話は最寄りの自治体の消費生活センターにつながります。休日等で自治体のセンターが開所していない場合は、国民生活センターにつながります。国民生活センターのウェブサイトの「相談したい」からも相談先を知ることができます。

相談

・対応方法のアドバイス
・「消費者ホットライン」の
　バックアップ

・紛争の早期解決に
　向けた裁判外手続き
・結果の公表

・相談情報の収集・分析
・分析にもとづく情報提供

ADR

情報収集・分析

国民生活
センター

研修

商品テスト

・消費生活相談員
　等の研修
・消費生活相談員
　資格試験の実施

・問題解決のための
　テスト
・被害の防止・
　注意喚起のための
　テスト

広報

・注意喚起情報の提供
・ホームページ、リーフレットの作成、啓発

消費者ホットラインは全国共通の電話番号です。188に電話をかけると、地域の相談窓口（市区町村の消費生活センターや消費生活相談窓口など）を案内してくれます。

第1章 人権がまもられるということ
第2章 当事者の意思を尊重するために
第3章 成年後見制度を理解する
第4章 そのほかの人権にかかわる法制度・しくみ
第5章 人権にまつわる現代日本の福祉的課題
第6章 人を支援する際の大切なキーワード
第7章 人権に関連する機関

07

人権擁護委員

人権擁護委員とは

人権擁護委員は法務大臣から委嘱されたボランティアです。人権相談を受け、問題解決の手伝いをしたり、法務局の職員と協力して人権侵害から被害者を救済したり、啓発活動を行ったりしています。人権擁護委員制度の歴史は長く、1948（昭和23）年に日本独自のしくみとして誕生しました。

人権擁護委員の委嘱

法務大臣が人権擁護委員を委嘱するにあたっては、まず、市町村長が地域の人権擁護委員にふさわしい候補者を選び、議会の意見を聞いたうえで法務局（地方法務局）に推薦します。法務局において弁護士会及び人権擁護委員連合会に意見を求めて検討した後、法務大臣が委嘱します。任期は3年で再任も可能です。

人権擁護委員の相談活動

常設相談

人権擁護委員は法務局職員とともに、常設相談所において、主に面接または電話による人権相談に応じています。常設相談所は、法務局、地方法務局またはその支局内に設置され、土日祝日を除いて毎日開設しています。

特設相談

常設相談のほか、市町村役場や公民館などの公共施設、デパートや社会福祉施設などで特設相談所を開設し、相談活動を行っています。

相談活動のほか、人権侵犯に関する調査・救済活動なども行っています。

人権擁護委員の活動

援　助	調　整	説示・勧告
関係機関への紹介 法律上の助言など	当事者間の調整	人権侵害を行った者に 改善を求める

委嘱の手続き

人権擁護委員 候補者

市町村 特別区 長

法務局長 または 地方法務局長

法務大臣

1 推薦

意見　求意見

意見　求意見

市町村 特別区 議会

①弁護士会 ②人権擁護 委員連合会

人権擁護委員

2 委嘱

第1章 人権がまもられる ということ

第2章 当事者の意思を 尊重するために

第3章 成年後見制度を 理解する

第4章 そのほかの人権にか かわる法制度としくみ

第5章 人権にまつわる現代 日本の福祉的課題

第6章 人を支援する際の 大切なキーワード

第7章 人権に関連 する機関

Column　死後の事務

　後見人等の業務が本人の死亡によって終了すると法に明記されているわけではありません。しかし、一般的には本人の死亡により後見等は当然に終了し、相続が開始され、相続人が本人の財産に属する一切の権利義務を負うことになります。したがって後見人等には、本人の死亡後の事務を行う義務はなく、財産に対する権限もなくなるのです。つまり、本人の死亡を基準として、「生前は成年後見人による財産管理」「死後は相続人による財産管理」という明確な線引きがあります。しかし、実際は亡くなったからといってすぐに管理財産を相続人に引き継ぐことができるわけではありません。その間は後見人等が「事務管理（民法第697条）」として相続人のために相続財産の管理を行うことになります。

> （事務管理）
> 第697条　義務なく他人のために事務の管理を始めた者は、その事務の性質に従い、最も本人の利益に適合する方法によって、その事務の管理をしなければならない。
> 2　　（略）

　親族以外の後見人が選任される場合は、本人に近しい身寄りのないケースが多く、後見人等が葬儀、火葬・埋葬などの手配、生前の入院費や施設利用料の支払いなどの死後事務をせざるをえない場合もあります。やむをえず死後事務を行い、相続財産から経費を支出せざるをえない場合の、成年後見人の立場はどうなるのでしょうか。成年後見において死後事務を正当化できる根拠は、「応急処分義務」とされています。本人が亡くなってから財産を相続人に引き継ぐまでに、後見人が何もしないことで相続人に不利益が生じるようなやむをえない事情がある場合、必要最低限の支出が例外的に認められると解釈されています。

（委任の終了後の処分）
第654条　委任が終了した場合において、急迫の事情があるときは、受任者又はその相続人若しくは法定代理人は、委任者又はその相続人若しくは法定代理人が委任事務を処理することができるに至るまで、必要な処分をしなければならない。

事務管理

○年○月○日○時○分　本人死亡

本人財産

相続財産

後見人管理

相続人全員の共有財産

後見は当然に終了

引き継ぎまでは事務管理

応急処分義務

必要最低限

相続財産

葬儀費用

火葬埋葬費

入院費・施設利用料

Column　医療同意

　医療行為にあたってはインフォームド・コンセント（IC）が欠かせません。医療行為の影響を直接的に受けるのはその人であり、その人しか判断できないからです。法律的にも本人しか行使できない権利（一身専属権）とされています。では、本人に意識がない、状況や状態の理解に基づく判断が困難といったときはどうでしょう。成年後見人等がいても、成年後見人等に医療行為の同意権はありません。成年後見人等が医師から説明を受けることはありますが、仮に成年後見人等が同意書に署名しても効力はないと解されています。医療同意の内容もインフルエンザワクチンの接種などの軽微な医療行為から、リスクを伴う手術、延命治療に関することまで多様です。軽微な同意については、成年後見人等に同意権を与えることも検討されていますが、身体を傷つけることを伴う医療行為（侵襲性の高い医療行為）なども含めた法律的な整理が求められています。

　一方、家族の同意はどうでしょうか。本人に対するICができない場合、慣習により家族に対するICで本人の医療行為を判断するのが一般的です。しかし、家族にも本人の医療行為に関する同意権はありません。また、同居・別居の違いや、本人と家族の関係性によっては、必ずしも本人の立場に立って判断するとは限りません。家族の意向だけで本人の医療行為を決めることには慎重さも必要です。家族に判断を仰ぐのは、医療機関が判断できず、家族の意向を尊重するとともに、以降の紛争を未然に防ぎたいという意図があると推測されます。

　身寄りがない場合については、2019（令和元）年に厚生労働省から「身寄りがない人の入院及び医療に係る意思決定が困難な人への支援に関するガイドライン」が公表されました。ガイドラインでは、原則は本人へのICですが、難しいときは成年後見人等も含めてチームで検討・決定していく必要性が示されています。

索引

執筆者一覧

[編著]

岩崎 香（いわさき・かおり）　第4章01・02・06・09・11・12／第5章04・10・11／第6章05・
　　　　　　　　　　　　　　　　　06・08／第7章01・03〜05・07
早稲田大学人間科学学術院人間科学部・教授

[執筆者（五十音順）]

青木 千帆子（あおき・ちほこ）　第4章05・07・08／第5章01・03・07・09／第6章01〜04・
　　　　　　　　　　　　　　　　　07・コラム（社会モデルと人権モデル）・コラム（「共生社会」と
　　　　　　　　　　　　　　　　　「地域共生社会」）／第7章02・06
筑波技術大学共生社会創成機構・特任助教

安部 裕一（あべ・ゆういち）　第3章03〜10・12〜14／第7章コラム（死後の事務）
一般社団法人ブラウンシュガー・代表理事

大塚 桃子（おおつか・ももこ）　第5章06
早稲田大学大学院人間科学研究科・博士後期課程

大村 美保（おおむら・みほ）　第1章02・05・06／第5章05・08
筑波大学人間系・助教

片桐 公彦（かたぎり・きみひこ）　第2章01・05・07／第4章03・10
社会福祉法人みんなでいきる・理事

曽根 直樹（そね・なおき）　第1章01・03・04／第5章12
日本社会事業大学専門職大学院・教授

陶 嘉褘（とう・かい）　第4章04
早稲田大学大学院人間科学研究科・博士後期課程

長谷川 千種（はせがわ・ちぐさ）　第2章02〜04・06・08・09／第3章01・02・11／第5章02
　　　　　　　　　　　　　　　　　／第7章コラム（医療同意）
長谷川ソーシャルワーク・成年後見事務所・代表

図解でわかる 意思決定支援と成年後見制度

2024年1月20日　初　版　発　行
2024年6月1日　初版第2刷発行

編　著	岩崎 香
発行者	荘村明彦
発行所	中央法規出版株式会社
	〒110-0016　東京都台東区台東3-29-1　中央法規ビル
	Tel 03(6387)3196
	https://www.chuohoki.co.jp/
印刷・製本	日経印刷株式会社
装幀デザイン	二ノ宮匡（ニクスインク）
本文・DTP	日経印刷株式会社
イラスト	大野文彰

ISBN 978-4-8058-8987-9